资治通鉴

资治通鉴

线装国学馆

精华版

第四卷

资治通鉴

线装国学馆

后梁纪

李存勖崛起

（开平二年正月）晋王疽发于首，病笃。周德威等退屯乱柳。晋王命其弟内外蕃汉都知兵马使振武节度使克宁、监军张承业、大将李存璋、吴珙、掌书记卢质立其子晋州刺史存勖为嗣。

克宁久总兵柄，有次立之势，时上党围未解，军中以存勖年少，多窃议者，人情恟恟。存勖惧，以位让克宁。克宁曰：『汝冢嗣也，且有先王之命，谁敢违之！』将吏欲谒见存勖，存勖方哀哭未出。张承业入谓存勖曰：『大孝在不坠基业，多哭何为！』因扶存勖出，袭位为河东节度使、晋王。李克宁首帅诸将拜贺，王悉以军府事委之。

以李存璋为河东军城使、马步都虞候。先王之时，多宠借胡人及军士，侵扰市肆，存璋既领职，执其尤暴横者戮之，旬月间城中肃然。

初，晋王克用多养军中壮士为子，宠遇如真子。及晋王存勖立，诸假子皆年长握兵，心怏怏不伏，或托疾不出，或见新王不拜。李克宁权位既重，人情多向之。假子李存颢阴说克宁曰：『兄终弟及，自古有之。以叔拜侄，于理安乎！天与不取，后悔无及！』克宁曰：『吾家世以慈孝闻天下，先王之业苟有所归，吾复何求！汝勿妄言，我且斩汝！』克宁妻孟氏，素刚悍，诸假子各遣其妻入说孟氏，孟氏以为然，且虑语泄及祸，数以迫克宁。克宁性怯，朝夕惑于众言，心不能无动；又与张承业、李存璋相失，数诮让之；又因事擅杀都虞候李存质；又求领大同节度使，以蔚、朔、应州为巡属。晋王皆听之。

李存颢等为克宁谋，因晋王过其第，杀承业、存璋，奉克宁为节度使，举河东九州岛①附于梁，执晋王及太夫人曹氏送大梁。太原人史敬镕，少事晋王克用，居帐下，见亲信，克宁欲知府中阴事，召敬镕，密以谋告之。敬镕阳许之，入告太夫人，太夫人大骇，召张承业。晋王以克宁之谋告，且曰：『至亲不可自相鱼肉，吾苟避位，则乱不作矣。』承业曰：『克宁欲投大王母子于虎口，不除之岂有全理！』乃召李存璋、吴珙及假子李存敬、长直军使朱守殷，使阴为之备。（二月）壬戌，置酒会诸将于府舍，伏甲执克宁、存颢于座。晋王流涕数之曰：『儿向以军府让叔父，叔父不取。今事已定，奈何复为此谋，忍以吾母子遗仇雠乎？』克宁曰：『此皆谗人交构，夫复

何言！』是日，杀克宁及存颢。

注释 ①河东九州岛：河东地区管辖的九座岛屿，分别是：并州岛、辽州岛、沁州岛、汾州岛、石州岛、忻州岛、代州岛、岚州岛、宪州岛。

译文 （后梁太祖开平二年正月）晋王李克用头上长疮，病势转重。手下将领周德威等人退守驻扎在乱柳。晋王李克用让他的弟弟内外蕃汉都知兵马使、振武节度使李克宁、监军张承业、大将李存璋、吴珙、掌书记卢质等人一起拥立他的儿子晋州刺史李存勖为继承人。

李克宁长期掌握兵权，依照制度应该兄死弟立，

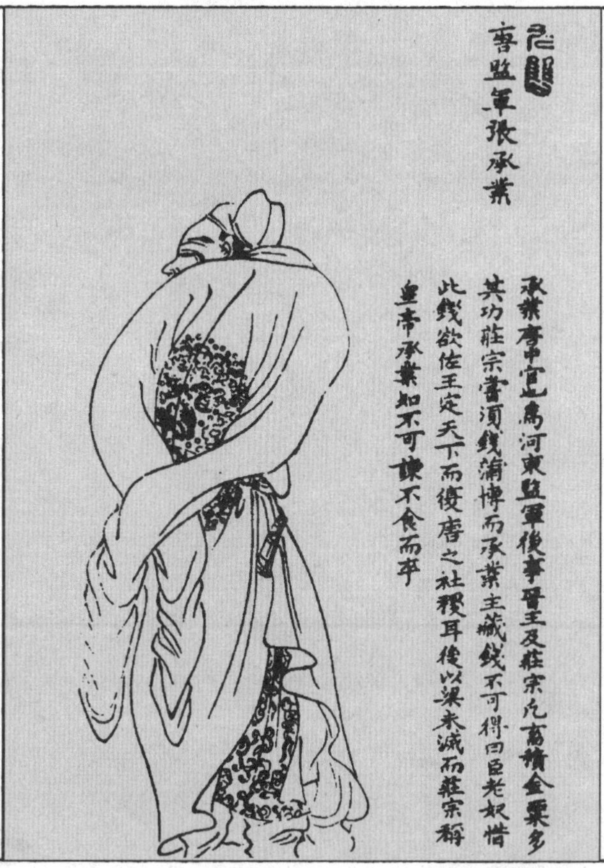

当时上党的包围还没有解开，军中将士认为李存勖年少不能服众，很多人私下议论，人心惶惶。李存勖害怕，把王位让给李克宁。李克宁说：『你是嫡长子，况且有先王的遗命，谁敢违抗！』将吏想要谒见李存勖，李存勖正在悲伤哭泣，没有出来。张承业进内对李存勖说：『大孝在于不失去基业，多哭泣做什么！』于是扶着李存勖出来，继位为河东节度使、晋王。李克宁第一个率领各位将领拱手祝贺，晋王李存勖把军中府中的事情全部委托给李克宁处理。

李存璋被任命为河东军城使、马步都虞候。先王李克用健在的时候宠信倚重胡人和士兵，导致他们骄横不法，侵扰街市民众。李存璋上任后抓捕其中最为暴横的人处死，一个月内城中恢复秩序，法制肃然。

起初晋王李克用在位的时候收养了许多军中的勇士作为养子，礼遇他们像待自己的亲生儿子一样。等到晋王李存勖继位，诸养子都年长并掌握军权，心里郁闷不服，或者托病不出，或者晋见新王不叩拜。李克宁的权力地位都十分重要，人情多数倾向他。李克用的一个养子李存颢私下劝克宁说：『兄终弟及是自古以来就有的事情。叔叔拜见侄子，在道理上能让人心安吗？这是上天赐给你的机会，你如果不取，以后后悔恐怕来不及了！』李克宁说：『我家世代以父慈子孝闻名天下，先王的基业如果有了归属，我又有什么希求！你再胡说，我就杀了你！』李克宁的妻子孟氏，向来刚强蛮横，诸养子派他们的妻子到内室劝说孟氏，孟氏认为有理，并且担心这些话泄露出去遭受祸患，屡次逼迫李克宁。李克宁为人怯懦，一天到晚被众人的言语蛊惑，不可能毫不动心；加上又和张承业、李存璋失了和气，多次讥讽责备他们；而且他曾经因故没有禀告李存勖便自作主张杀了李存质；同时还请求兼任大同节度使，把蔚、朔、应州等州作为统属的辖区。晋王李存勖都答应了。

李存颢等人替李克宁谋划：趁晋王李存勖来李克宁府上看望的时候，斩杀忠于李存勖的张承业和李存璋两人，然后尊奉李克宁为节度使，率领河东统辖的九州岛归附后梁太祖，抓捕晋王李存勖和其母太夫人曹氏送往大梁。太原人史敬镕，年轻时侍奉晋王李克用，居于帐下，受到亲信，李克宁想知道王府中的秘密事情，召见史敬镕，秘密地把计划告诉他。史敬镕假装应允他，入府报告太夫人，太夫人大惊，召见张承业。晋王李存勖把李克宁的图谋告诉张承业，并且说：『至亲不可以自相残杀，我如果让位，祸乱就不会发生了。』张承业说：『李克宁想要把大王母子俩投到虎口送死，如果不除掉他，你们岂能安全？』二月壬戌（二十一日），在王府摆酒宴请诸将，埋伏的甲兵在座位上把李克宁、李存颢逮捕。晋王李存勖流着泪数说李克宁道：『孩儿以前把节度使府让给叔父，叔父不接受。现在事情已定，怎么又有这样的图谋，忍心把我母子送给仇人吗！』李克宁曰：『这都是小人的谗言教唆挑拨，到现在我又有什么好说的！』这天，李克宁和李存颢被处死。

点评 李克宁之奉存勖，初焉非不忠顺，其后外摇于谗口，内溺于悍妻，以至变节而杀其身。地亲而属尊者，居主少国疑之时，可不弁哉！（胡三省）

李思安等攻潞州，久不下，士卒疲弊，多逃亡。晋兵犹屯余吾①寨，帝疑晋王克用诈死，欲召兵还，恐晋人蹑之，乃议自至泽州应接归师，且召匡国节度使刘知俊将兵趣泽州。

晋李嗣昭固守逾年，城中资用将竭，嗣昭登城宴诸将作乐。流矢中嗣昭足，嗣昭密拔之，座中皆不觉。帝数遣使赐嗣昭诏，谕降之；嗣昭焚诏书，斩使者。

（四月）夹寨奏余吾晋兵已引去，帝以援兵不能复来，潞州必可取，丙午，自泽州南还；壬子，至大

梁。梁兵在夹寨者亦不复设备。晋王与诸将谋曰：『上党，河东之藩蔽，无上党，是无河东也。且朱温所惮者独先王耳，闻吾新立，以为童子未闲②军旅，必有骄怠之心。若简精兵倍道趣之，出其不意，破之必矣。取威定霸，在此一举，不可失也！』张承业亦劝之行。甲子，帅周德威等发晋阳。

己巳，晋王军于黄碾，距上党四十五里。五月，辛未朔，晋王伏兵三垂冈下，诘旦大雾，进兵直抵夹寨。梁军无斥候，不意晋兵之至，将士尚未起，军中惊扰。梁兵大溃，南走，失亡将校士卒以万计，委弃资粮、器械山积。

周德威等至城下，呼李嗣昭曰：『先王已薨，今王自来，破贼夹寨。贼已去矣，可开门！』嗣昭不信，曰：『此必为贼所得，使来诳我耳。』欲射之。左右止之，嗣昭曰：『王果来，可见乎？』王自往呼之。嗣昭见王白服，大恸几绝，城中皆哭，遂开门。初，德威与嗣昭有隙，晋王克用临终谓晋王存勖曰：『进通忠孝，吾爱之深。今不出重围，岂德威不忘旧怨邪！汝为吾以此意谕之。若潞围不解，吾死不瞑目。』进通，嗣昭小名也。晋王存勖以告德威，德威感泣，由是战夹寨甚力；既与嗣昭相见，遂欢好如初。

注释 ①余吾：上党郡余吾县，故址在今山西省屯留县西。②闲：熟悉。

译文 后梁行营都统李思安等人率兵攻打潞州，久久不能攻陷，许多士卒因为疲惫不堪而逃跑。晋兵仍在余吾寨，后梁太祖怀疑晋王李克用是装死，想要召回军队，又怕晋兵尾随追击，便商量说由他亲自到泽州接应回来的军队，同时命匡国节度使刘知俊领兵赶赴泽州。

晋大将李嗣昭固守潞州一年多，城中的物资行将耗竭，李嗣昭登上城楼宴请诸将行乐。飞箭射中李嗣昭的脚，李嗣昭秘密地把箭拔掉，座中的人都没有发觉。后梁太祖屡次派遣使者前去颁赐诏书，劝他投降；李嗣昭焚烧后梁的诏书，斩杀后梁使者表示坚守不降。

（四月）潞州夹寨上奏后梁太祖朱晃说余吾的晋兵已经撤退离开，后梁太祖认为援兵不可能再来，潞州必定可以被攻克。丙午（初六），梁太祖自泽州南下回朝；壬子（十二日），大军抵达都城大梁。在夹寨的后梁兵也不再布置防备。晋王李存勖与诸将商议说：『上党是河东的屏障，没有上党，就没有河东啊！而且朱温（即后梁太祖朱晃）害怕的只是先王（前任晋王李克用）而已，听说我刚刚继位，认为我年幼不熟悉军中事务，一定会骄傲懈怠。如果选派精锐部队兼程急速前

资治通鉴

去，出其不意，打败梁兵是一定的了。取得威势，确定霸业，在此一举，不可失掉机会啊！』张承业也劝他出发。甲子（二十四日），李存勖率领周德威等人从晋阳出师。

己巳，晋王李存勖将大军驻扎在距上党四十五里的黄碾。五月，辛未朔（初一），晋王埋伏军队在三垂冈下，凌晨大雾，进兵直达夹寨。后梁军未设岗哨，没料到晋兵的到来，将士还未起床，军中惊慌纷扰。后梁军大败南逃，失踪逃亡的将校士卒数以万计，丢的物资粮草、军事器械堆积如山。

周德威等人来到潞州城下，呼唤李嗣昭说：『先王（前晋王李克用）已经去世，新任晋王亲自领兵前来，攻破了梁军的夹寨，梁军已经大败而退了，可以开门了！』李嗣昭不信，说：『这一定是被梁贼俘虏，派来诳骗我。』说完想要用箭射周德威。左右的人阻止他，李嗣昭说：『嗣王果然来了，可以相见吗？』晋王李存勖自己往前呼唤他。李嗣昭看到晋王李存勖穿着白色孝服，知道李克用真的去世了，悲痛得放声大哭几乎晕厥，全城将士也都痛哭不已，于是打开城门。当初，周德威与李嗣昭有仇怨，晋王李克用临死对晋王李存勖说：『进通忠诚孝敬，我爱他很深。现在没有出重围，难道是周德威不忘旧日的仇怨吗？你替我把这个意思告诉他。如果潞州不能解围，我死了也不能闭上眼睛。』进通是李嗣昭的小名。晋王李存勖把父亲的遗言转告了周德威，周德威感动流泪，因此在攻打夹寨的时候十分卖力；和李嗣昭见面后和好如初。

点评 李嗣昭登城宴乐，示敌以余暇也；中矢而密拔之，所以安众也。兵不可以无备也，有备无患。今梁之为兵也，主骄于上，将惰于下，其败宣矣。（胡三省）

（开平四年十一月）上遣供奉官杜廷隐、丁延徽监魏博兵三千分屯深、冀，声言恐燕兵南寇，助赵守御。未几，廷隐等闭门尽杀赵戍兵，乘城拒守。镕始命石公立攻之，不克，乃遣使求援于燕、晋。（晋王）乃发兵，遣周德威将之，出井陉，屯赵州。

十二月，己未，上闻赵与晋合，晋兵已屯赵州，乃命王景仁等将兵击之。庚申，景仁等自河阳渡河，会罗周翰兵，合四万，军于邢、洺。丁丑，王景仁等进军柏乡。

赵王镕复告急于晋，晋王以蕃汉副总管李存审守晋阳，自将兵自赞皇东下，王处直遣将兵以从。辛

已，晋王至赵州，与周德威合。

壬午，晋王进军，距柏乡三十里，遣周德威等以胡骑迫梁营挑战，梁兵不出。癸未，复进，距柏乡五里，营于野河之北，又遣胡骑迫梁营驰射，且诟之。梁将韩勍等将步骑三万，分三道追之，铠胄皆被缯绮，镂金银，光彩炫耀，晋人望之夺气。周德威谓李存璋曰：『梁人志不在战，徒欲曜兵耳。不挫其锐，则吾军不振。』乃徇于军曰：『彼皆汴州天武军，屠酤佣贩之徒耳，衣铠虽鲜，十不能当汝一。擒获一夫，足以自富，此乃奇货，不可失也。』德威自引千余精骑击其两端，左右驰突，出入数四，俘获百余人，且战且却，距野河而止；梁兵亦退。

德威言于晋王曰：『贼势甚盛，宜按兵以待其衰。』王曰：『吾孤军远来，救人之急，三镇乌合，利于速战，公乃欲按兵持重，何也？』德威曰：『镇、定之兵，长于守城，短于野战。且吾所恃者骑兵，利于平原广野，可以驰突。今压贼垒门，骑无所展其足；且众寡不敌，使彼知吾虚实，则事危矣。』王不悦，退卧帐中，诸将莫敢言。德威往见张承业曰：『大王骤胜而轻敌，不量力而务速战。今去贼咫尺，所限者一水耳，彼若造桥以薄我，我众立尽矣。不若退军高邑，诱贼离营，彼出则归，彼归则出，别以轻骑掠其馈饷，不过逾月，破之必矣。』承业入，褰帐抚王曰：『此岂王安寝时耶！周德威老将知兵，其言不可忽也。』王蹶然兴曰：『予方思之。』时梁兵闭垒不出，有降者，诘之，曰：『景仁方多造浮桥。』王谓德威曰：『果如公言。』是日，拔营，退保高邑。

柏乡比不储刍，梁兵刈刍自给，晋人日以游军抄之，梁兵不出。周德威使胡骑环营驰射而诟之，梁兵疑有伏，愈不敢出，锉屋茅坐席以饲马，马多死。

（乾化元年正月）丁亥，周德威与别将史建瑭、李嗣源将精骑三千压梁垒门而诟之，王景仁、韩勍怒，悉众而出。德威等转战至高邑南；李存璋以步兵陈于野河之上，梁军横亘数里，竞前夺桥，镇、定步兵御之，势不能支。晋王谓匡卫都指挥使李建及曰：『贼过桥则不可复制矣。』建及选卒二百，援枪大噪，力战却之。战自巳至午，胜负未决。晋王谓周德威曰：『两军已合，势不可离，我之兴亡，在此一举。我为公先登，公可继之。』德威叩马而谏曰：『观梁兵之势，可以劳逸制之，未易以力胜也。彼去营三十余里，虽挟糗粮，亦不暇食，日昳之后，饥渴内迫，矢

刃外交，士卒劳倦，必有退志。当是时，我以精骑乘之，必大捷。于今未可也。』王乃止。

时魏、滑之兵陈于东，宋、汴之兵陈于西。至晡，梁军未食，士无斗志，景仁等引兵稍却，周德威疾呼曰：『梁兵走矣！』晋兵大噪争进，魏、滑兵先退，李嗣源帅众噪于西陈之前曰：『东陈已走，尔何久留！』梁兵互相惊怖，遂大溃。李存璋引步兵乘之，呼曰：『梁人亦吾人也，父兄子弟饷军者勿杀。』于是战士悉解甲投兵而弃之，嚣声动天地。赵人以深、冀之憾，不顾剽掠，但奋白刃追之，梁之龙骧、神捷精兵殆尽，自野河至柏乡，僵尸蔽地。王景仁、韩勍、李思安以数十骑走。晋兵夜至柏乡，梁兵已去，弃粮食、资财、器械不可胜计。凡斩首二万级。李嗣源等追奔至邢州，河朔大震。

译文 后梁太祖开平四年十一月（公元九一〇年农历十一月），后梁太祖派供奉官杜廷隐、丁延徽监督魏博将三千兵马分别驻扎在深州和冀州，扬言说这么做是担心燕兵南下进犯，好帮助赵兵防御。片刻，杜廷隐关闭城门，将赵兵杀死，登城防御。赵王王镕于是命石公立攻打，不能取，遣使向燕、晋求援。晋王李存勖于是决定出兵，以周德威为元帅，从井陉出发，进驻赵州。

十二月己未（农历十二月初三），后梁太祖朱晃听到赵王王镕和晋王李存勖合兵，而晋兵已经在赵州屯驻的消息，于是命令王景仁等率兵前去攻打。庚申（初四），王景仁等自河阳渡过黄河，联合天雄留后罗周翰的兵力，聚集了四万兵马，屯驻在邢州、洺州。

赵王王镕又向晋王李存勖告急求救，李存勖命蕃汉副总管留守都城晋阳，亲自统率军队自赞皇向东进发，王处直派遣部将率兵五千跟从。辛巳（二十五日），李存勖在赵州和周德威会师。

壬午（二十六日），李存勖带领部队走到离柏乡三十里的所在，派周德威等人率领精锐的胡骑靠近后梁营寨挑战，后梁拒不出兵。癸未（二十七日），又向前推进，距柏乡五里，在野河的北面扎营，又派遣胡人骑兵逼近后梁营纵马射箭，并且辱骂他们。梁将韩勍等率领步兵、骑兵三万人马，分三路追击挑战的晋兵，梁军的盔甲上都披着精美的丝织品，镂刻着金银雕花，光彩炫目，晋兵看到后士气大泄。周德威对李存璋说：『梁人的目的不在争战，只是显示兵威罢了。不挫伤他们的锐气，我军就不能振作。』于是巡视军中说：『他们都是汴州的天武军，屠夫、酒徒、佣工、商贩之类罢了，衣甲虽然鲜艳，但十个人不能抵挡你们一个人。擒获他

们一个人，足够使自己富裕了，这是奇货，不可失去啊！』周德威亲自率一千余名精锐骑兵左右袭击后梁军队的两头，两面奔驰冲突，前后共四次进出敌阵，俘虏了百余敌兵，一边战斗一边撤退到野河停下来，梁兵随后也退兵了。

周德威对晋王说：『贼军的势头正盛，我们应该按兵不动，静待他们衰落疲惫。』晋王李存勖说：『我孤军远道而来，救别人危急，三镇军队是乌合之众，本应速战速决，您却要按兵不动持重求稳，是什么缘故呢？』周德威说：『镇州、定州的军队，坚守城池是他们的长处，在城外旷野里作战是他们的短处。我军所仗恃的是骑兵，在平原旷野里作战最为有利，可以纵马奔驰冲击。现在迫近敌人的营垒墙门，战马没有施展它的四足的地方。况且敌众我寡难于持久，如果敌人知道我军的虚实，那就危险了。』晋王听到这话很不高兴，后退进入帐中躺在床上，众将没有人敢进言。周德威前去见监军张承业，说：『大王突然胜利就轻敌，不量力就追求速战。现在离敌人只有咫尺，两军不过一水之隔罢了，敌人如果造桥过河逼近我军，我军兵众立刻就会被消灭。不如退兵到高邑，引诱敌人离开营垒，他们出来我们就回营，他们回营我们就出来，另派轻捷骑兵抄夺他们输送的粮饷，不过一个多月，打败敌人是必然无疑了。』张承业进入晋王帐中，掀开帐幕拍了拍李存勖说：『现在岂是大王安睡的时候？周德威是个老将，熟知兵法，他说的话你不可以忽视啊。』李存勖突然站起来说：『我正在思考他的建议！』当时后梁兵关闭营垒不出，有来投降的便盘问他们，回答说：『王景仁正在造许多浮桥。』李存勖对周德威说：『果然跟你说的一样。』当天，晋军退入高邑防守。

柏乡地区并不储存马所吃的草料，梁兵自己割草补充草料供给，晋兵每天用流动作战掠夺他们，梁兵不再出来。周德威派遣胡人骑兵环绕后梁营奔驰射箭并辱骂他们，后梁兵怀疑设有埋伏，更加不敢出营，铡碎屋茅坐席来养马匹，马多有饿死的。后梁太祖乾化元年（公元九一一年）正月丁亥（初二），周德威与别将史建瑭、李嗣源率领三千精锐骑兵逼近后梁军营门辱骂，王景仁、韩勍大怒，率领全体部众出战。周德威等将领转战到高邑南面，李存璋在野河桥上陈列步兵，梁军浩荡荡延绵数里，争先恐后地前来夺桥，镇州、定州的步兵进行抵御，不能支撑。晋王李存勖对匡卫都指挥使李建及说：『梁贼过桥就不能再遏制他们了。』李建及挑选步兵二百名，手执长枪大声喧噪，努力奋战把后梁兵打退。战斗自巳时打到午时，两个时辰没有决出胜负。李存勖对周德威说：『两军已经交战，势难分开，我们的兴亡，就在此一举。我为您先冲上前去，您可以随后跟上。』周德威拉住战马，直言劝谏说：『观察梁兵的情势，可以逸待劳制服他，不宜劳累官兵。他们离营三十余里，即便身上带着干粮也没空吃了。一天后又渴又饿，还背着弓箭兵刃，士卒更加劳累疲倦，一定会萌生撤退之心。那时候，我用精锐骑兵乘机偷袭，一定大获全胜。而现在却还不到进攻的时机。当是时，我以精骑乘之，必大捷。』晋王这才停止行动。

这时魏州和滑州的军队陈列在于东面，宋州、汴州的军队陈列于西面。到了晡时，梁军还没有进食，兵士毫无斗志，王景仁等人率领部队稍稍退却，周德威大声呼喊曰：『梁兵撤退啦！』晋兵大声喧噪，争相前进，魏州、滑州军队先退，李嗣源率众在西边阵前大声呼叫，说：『东阵已经逃跑，你们为什么久留？』后梁兵互相惊慌恐怖，于是大溃。李存璋率领步兵追逐逃散的梁兵，大声呼唤说：『梁人也是我们的人，父兄子弟运送军粮的不杀。』于是，梁兵都脱下铠甲，扔掉兵器，喧哗声惊天动地。赵人怀着后梁兵屠杀深州、冀州戍卒的仇恨，顾不上抢夺财物，只是挥舞利刀追杀后梁兵，后梁的龙骧、神捷两军的精兵几乎全歼，从野河到柏乡，伏尸遍地。王景仁、韩勍、李思安只带着几十个骑兵逃跑。晋兵晚上进入柏乡，梁军已经撤退了，丢弃的粮食、资财、器械不计其数。一共斩杀了二万人。晋将李嗣源等率兵追赶梁兵一直到了邢州，河朔地区大为震动。

晋王灭燕

燕王守光尝衣赭袍①，顾谓将吏曰：『今天下大乱，英雄角逐，吾兵强地险，亦欲自帝，何如？』孙鹤曰：『今内难新平，公私困竭，太原窥吾西，契丹伺吾北，遽谋自帝，未见其可。大王但养士爱民，训兵积谷，德政既修，四方自服矣。』守光不悦。

（乾化元年八月）甲子，守光即皇帝位，国号大燕。受册之日，契丹陷平州，燕人惊忧。

（十一月）戊申，燕主守光将兵二万寇易定，攻容城。王处直告急于晋。（十二月）甲子，晋王遣蕃汉马步总管周德威将兵三万攻燕，以救易定。（乾化二年正月）丁酉，德威至幽州城下，守光来求救。

初，帝引兵渡河，声言五十万。晋忻州刺史李存审屯赵州，患兵少，裨将赵行实请入土门避之，存审不可。（三月）及贺德伦攻蓨县，存审谓史建瑭、李嗣肱曰：『吾王方有事幽蓟，无兵此来，南方之事委吾辈数人。今蓨县方急，吾辈安得坐而视之！使贼得蓨县，必西侵深、冀，患益深矣。当与公等以奇计破之。』存审乃引兵扼下博桥，使建瑭、嗣肱分道擒生。建瑭分其麾下为五队，队各百人，一之衡水，一之南宫，一之信都，一之阜城，自将一队深入，与嗣肱遇梁军之樵刍者皆执之，获数百人。明日会于下博桥，皆杀之，留数人断臂纵去，曰：『为我语朱公，晋王大军至矣！』时蓨县未下，帝引杨师厚兵五万，就贺德伦共攻之。丁亥，始至县西，未及置营，建瑭、嗣肱各将三百骑，效梁军旗帜服色，与樵刍者杂行，日且暮，至德伦营门，杀门者，纵火大噪，弓矢乱发，左右驰突，既暝，各斩馘执俘而去。营中大扰，不知所为。断臂者复来曰：『晋军大至矣！』帝大骇，烧营夜遁，迷失道，委曲行百五十里，戊子旦乃至冀州；蓨之耕者皆荷锄奋梃逐之，委弃军资器械不可胜计。既而复遣骑觇之，曰：『晋军实未来，此乃史先锋游骑耳。』帝不胜惭愤②，由是病增剧，不能乘肩舆。留贝州旬余，诸军始集。

（五月）燕主守光遣其将单廷珪将精兵万人出战，与周德威遇于龙头冈。既战，见德威于陈，援枪单骑逐之，枪及德威背，德威侧身避之，奋楇反击廷珪坠马，生擒，置于军门。燕兵退走，德威引骑乘之，燕兵大败，斩首三千级。

注释 ①赭袍：红袍，唐朝皇帝的御服。②惭愤：羞愧愤恨。

译文 燕王刘守光曾穿上唐朝天子穿的红袍，回头对部下的将军和官吏们说：『现在天下大乱，各路英雄争相逐鹿中原，我兵强马壮，又占据险要地势，想要自立为帝，怎么样？』孙鹤说：『现在内部危难刚平定，公家私人都困苦竭蹶，太原晋王李存勖窥伺我们的西部，契丹王阿保机窥伺我们的北部，匆忙谋划自己称帝，未见其可行之处。大王只需要培养读书人，体恤百姓，练兵储量，行德政，四方英雄自然就臣服了。』刘守光听了这话很不高兴。

后梁太祖乾化元年八月甲子（九一一年农历八月十三日），刘守光即位称帝，取国号为大燕。受册的当天，契丹攻陷了平州，燕人十分惊忧。十一月戊申（二十八日），燕主刘守光领兵两万进犯北平国主王处直的辖区易、定两州，同时进攻容城。王处直向晋王告急求救。十二月甲子（十四日），晋王李存勖派遣蕃汉马步总管周德威率领三万军队攻燕，藉以救援易州、定州。乾化二年（公元九一二年）正月丁酉（十八日），周德威领兵抵达幽州城下，燕主刘守光向后梁太祖请援。

初，后梁太祖号称领兵五十万，渡过黄河。晋忻州刺史李存审驻扎在赵州，担心自己兵少，裨将赵行实请求让大家进入土门躲避，存审不准。等到贺德伦进攻蓨县，李存审对史建瑭、李嗣肱说：『我王正在幽州、蓟州有事，没有军队到这里来，南方的战事委托给我等数人。现在蓨县正吃紧，我等怎能坐视不管！使梁贼夺得蓨县，一定西来进攻深州、冀州，危害更加深重了。应当与你等用奇计打败他们。』李存审于是带兵扼守下博桥要道，派建瑭、嗣肱分兵生擒后梁士兵。史建瑭把他的部下分为五队，每队各一百人，一队往衡水，一队往南宫，一队往信都，一队往阜城，自己带领一队深入敌军，与李嗣肱带领的军队遇见打柴割草的后梁兵，全都捉拿，俘获数百人。第二天在下博桥会合，把俘获的后梁兵都杀死，只留数人把胳膊砍掉放走，说：『替我告诉朱公，晋王来了。』当时蓨县还没攻下，后梁太祖带领杨师厚率兵五万，会同贺德伦一起攻城。丁亥（初八），后梁太祖才到蓨县西边，没有来得及扎营，史建瑭、李嗣肱各率领三百骑兵，摹仿后梁军的旗帜和衣服颜色，与打柴割草的后梁兵混杂行走，太阳快要落山的时候，到达贺德伦的营门，杀死守门人，放声呐喊，弓箭乱发，左右奔驰突击，天黑以后，各自割取敌人左耳、带着俘虏而离去。后梁军营之中大乱，不知该怎么

办才好。被砍断手臂的后梁兵又跑来说：『晋军的大部队来了！』太祖大为惊惧，烧毁营垒，连夜逃跑，迷失道路，曲折行走了一百五十里，戊子（初九）黎明才到达冀州。蓨县的农民都拿锄举棒追逐后梁兵，后梁军抛弃的军用物资器械不能尽计。不久，太祖又派遣骑兵前去侦察晋军的动静，回来报告说：『晋军其实没有来，这只是史先锋的流动骑兵罢了。』后梁太祖羞愧愤恨至极，因而病情更加严重，不能坐轿。逗留在贝州城十多天，各路兵马才开始集结。

五月，燕主刘守光派遣大将单廷珪领着一万精兵出兵，和周德威在龙头冈相遇交战。交战后，单廷珪见周德威在阵中，持枪单马追赶，枪尖刺到周德威的脊背，周德威侧身避开，奋力挥杖反击，单廷珪落马，生擒单廷珪，放在军营门前。燕兵退走，周德威带领骑兵乘胜追击，燕兵大败，三千人被斩杀。

点评 单廷珪之马方奔驰，势不得止。周德威侧身避其锋，马差过前，则德威已在枪里，奋挝击廷珪，廷珪安所避之，此其所以坠马也。格斗之势，刀不如棒，谓此也。（胡三省）

（乾化三年四月）晋周德威进军逼幽州南门，壬辰，燕主守光遣使致书于德威以请和，语甚卑而哀。德威曰：『大燕皇帝尚未郊天，何雌伏如是邪？予受命讨有罪者，结盟继好，非所闻也。』不答书。守光惧，复遣人祈哀，德威乃以闻于晋王。

（十月）卢龙巡属皆入于晋，燕主守光独守幽州城，求援于契丹。契丹以其无信，竟不救。守光屡请降于晋，晋人疑其诈，终不许。至是，守光登城谓周德威曰：『俟晋王至，吾则开门泥首听命。』德威使白晋王。十一月，甲辰，晋王以监军张承业权知军府事，自诣幽州，辛酉，单骑抵城下，谓守光曰：『朱温篡逆，余本与公合河朔五镇之兵兴复唐祚。公谋之不臧，乃效彼狂僭。镇、定二帅皆俯首事公，而公曾不之恤，是以有今日之役。丈夫成败须决所向，公将何如？』守光曰：『今日俎上肉耳，唯王所裁。』王悯之，与折弓矢为誓，曰：『但出相见，保无他也。』守光辞以他日。

先是，守光爱将李小喜多赞成守光之恶，言听计从，权倾境内。至是，守光将出降，小喜止之。是夕，小喜逾城诣晋军，且言城中力竭。壬戌，晋王督诸军四面攻城，克之，擒刘仁恭及其妻妾，守光帅妻子亡去。癸亥，晋王入幽州。

资治通鉴

燕主守光将奔沧州就刘守奇，涉寒，足肿，且迷失道，至燕乐①之境，昼匿坑谷，数日不食，令妻祝氏乞食于田父张师造家。师造怪妇人异状，诘知守光处，并其三子擒之。（十二月）癸酉，晋王方宴，将吏擒守光适至，王语之曰：『主人何避客之深邪！』并仁恭置之馆舍，以器服膳饮赐之。

（乾化四年正月）壬子，晋王以练②绁刘仁恭父子，凯歌入于晋阳，丙辰，献于太庙，自临斩刘守光。守光呼曰：『守光死不恨，然教守光不降者，李小喜也。』王召小喜证之，小喜瞋目叱守光曰：『汝内乱禽兽行，亦我教邪！』王怒其无礼，先斩之。守光曰：『守光善骑射，王欲成霸业，何不留之使自效？』其二妻李氏、祝氏让③之曰：『皇帝，事已如此，生亦何益！』即伸颈就戮。守光至死号泣哀祈不已。王命节度副使卢汝弼等械仁恭至代州，刺其心血以祭先王墓，然后斩之。

注释 ①燕乐：燕乐县，故城在今河北省隆化县境。②练：用白绢捆绑。③让：斥责。

译文 后梁末帝乾化三年四月（九一三年农历四月），晋大将周德威挥军逼进幽州城南门，壬辰（二十日），燕主刘守光派遣使者送书信给德威求和，言语十分卑下哀伤。周德威说：『大燕皇帝还没有到南郊祭天，怎么屈居人下如此呢？我受天命讨伐有罪的人，结成同盟，继续友好，不是我所要听到的。』因此没有复信。刘守光害怕，再次派人乞求周德威怜悯他，周德威这才报告了晋王李存勖求和之事。

（十月）卢龙地区管辖的属地都被晋军占领，燕主刘守光只守着幽州一座孤城，他向契丹求援，契丹认为他不讲信用，最终没有出兵援救。刘守光多次向晋请求归降，晋人怀疑他欺诈，始终不接受他投降。到这时，刘守光登上城楼，对周德威说：『等晋王到了，我就打开城门，伏首听命。』周德威派遣使者向晋王禀报刘守光请降的事情。十一月甲辰（农历十一月初六）晋王李存勖让监军张承业暂时代理军队和府衙的事务，亲自赶往幽州。辛酉（二十三日），晋王单骑到达幽州城下，对刘守光说：『朱温篡唐叛逆，我本想与您会合河朔五镇的军队共同兴复唐室的国运。您图谋不善，竟然效法朱温狂妄僭越。镇州王镕、定州王处直二帅，都驯服恭顺地侍奉您，然而您却从来不体恤他们，所以才有今天这场战斗。男子汉无论成功还是失败，必须决定去向，您将要怎么办？』刘守光说：『今天我是砧板上的肉罢了，只

听大王裁决。』晋王李存勖觉得刘守光很可怜，和他折断箭矢起誓说：『只要你出城和我相见，我保证不会发生其他事情。』刘守光拒绝，说改日再出城见吧。

先前刘守光宠爱的将领李小喜大多赞成刘守光所做的坏事，刘守光对他言听计从，因此他在幽州境内权势无人可比。到这个时候，刘守光将要出城投降，李小喜止住了他。这天晚上，李小喜越过城墙，前往晋军投降，并且说幽州城内已经力量用尽。壬戌（二十四日），晋王李存勖率领各军兵马同时从四面攻城，顺利攻克，生擒了刘守光的父亲刘仁恭及其妻子姬妾。刘守光领着妻儿逃跑。癸亥，晋王进驻幽州。

燕主刘守光将要到沧州投奔刘守奇，过河的时候，被寒水所激，脚部肿胀，还迷了路，到了燕乐县境内。白天藏匿在山谷之中，好几天都没有吃上饭，就让他的妻子祝氏到老农张师造家讨饭。老农张师造觉得刘守光的妻子祝氏举止很怪异，盘问得知刘守光的住处，于是连刘守光的三个儿子一并捉拿起来。十二月癸酉（初六），晋王正在举行宴会，将吏们生擒刘守光正好赶到，晋王对刘守光说：『你这个主人为何这么躲避我这个客人啊？』将他和其父刘仁恭安顿在馆舍，赐给他们衣食之物。

乾化四年正月壬子（公元九一四年农历正月十五日），晋王李存勖命人用白绢绑缚刘仁恭、刘守光父子，奏响凯旋的歌曲进入晋阳城。丙辰（十九日），晋王将俘虏刘仁恭父子献于太庙，并亲临刑场斩杀刘守光。临刑前刘守光高声呼喊说：『我刘守光死而无恨，然而教我刘守光不降服的人是李小喜。』晋王召见李小喜来证明刘守光说的是不是真的，李小喜瞪着眼睛怒叱刘守光说：『你乱伦的禽兽行为也是我教的吗？』晋王因为他无礼而感到生气，先杀了他。刘守光说：『我刘守光善于骑马射箭，大王要成就霸业，为什么不留下我，让我为您效劳呢？』刘守光的两个妻子李氏和祝氏在一旁责备他说：『皇上，事已如此，活着又有什么好处呢？』随即伸出脖子接受砍戮。刘守光至死都不停地号泣求饶。晋王李存勖命节度副使卢汝弼等人给刘仁恭戴上枷锁，押解到代州，刺他心脏取出心血，祭奠先王李克用的陵墓，然后将他问斩。

后梁宫室之变

（乾化二年）闰月，壬戌，帝疾增甚。帝长子郴王友裕早卒。次假子博王友文，帝特爱之，常留守东都，兼建昌宫使。次郢王友珪，其母亳州营倡也，为左右控鹤都指挥使。次均王友贞，为东都马步都指挥使。

初，元贞张皇后严整多智，帝敬惮之。后殂，帝纵意声色，诸子虽在外，常征其妇入侍，帝往往乱之。友文妇王氏色美，帝尤宠之，虽未以友文为太子，帝意常属之。友珪心不平。友珪尝有过，帝挞之，友珪益不自安。帝疾甚，命王氏召友文于东都，欲与之诀，且付以后事。友珪妇张氏亦朝夕侍帝侧，知之，密告友珪曰：『大家以传国宝付王氏怀往东都，吾属死无日矣。』夫妇相泣。左右或说之曰：『事急计生，何不改图，时不可失！』

六月，丁丑朔，帝命敬翔出友珪为莱州刺史，即令之官。已宣旨，未行敕。时左迁者多追赐死，友珪益恐。

戊寅，友珪易服微行入左龙虎军，见统军韩勍，以情告之。勍亦见功臣宿将多以小过被诛，惧不自保，遂相与合谋。勍以牙兵五百人从友珪杂控鹤士入，伏于禁中，中夜斩关入，至寝殿，侍疾者皆散走。帝惊起，问：『反者为谁？』友珪曰：『非他人也。』帝曰：『我固疑此贼，恨不早杀之。汝悖逆如此，天地岂容汝乎！』友珪曰：『老贼万段！』友珪仆夫冯廷谔刺帝腹，刃出于背。友珪自以败毡裹之，瘗于寝殿，秘不发丧。遣供奉官丁昭溥驰诣东都，命均王友贞杀友文。

己卯，矫诏称：『博王友文谋逆，遣兵突入殿中，赖郢王友珪忠孝，将兵诛之，保全朕躬。然疾因震惊，弥致危殆，宜令友珪权主军国之务。』韩勍为友珪谋，多出府库金帛赐诸军及百官以取悦。

辛巳，丁昭溥还，闻友文已死，乃发丧，宣遗制，友珪即皇帝位。

译文 后梁太祖乾化二年闰五月壬戌（九一二年闰五月十五日），后梁太祖朱晃的病情更加严重了。朱晃的长子郴王朱友裕早就死了。接下来就是养子博王朱友文，太祖特别喜欢他，经常留守在东都大梁，兼任建昌宫使。再接下来是郢王朱友珪，其母是亳州营倡，担任左右控鹤都指挥使一职。最后便是均王友贞，任东都马步

都指挥使。

当初后梁太祖的张皇后严肃端庄，智慧聪明，后梁太祖对她既尊敬又畏惧。张皇后死后，后梁太祖纵情歌舞女色，诸子即使在外地，也常征召他们的妻子入宫侍奉，太祖常常与她们淫乱。朱友文的妻子王氏十分美丽，后梁太祖尤其宠爱她，虽然没有公开立朱友文当太子，但后梁太祖心里总是倾向于他。朱友珪心里愤愤不平。朱友珪曾经犯有过错，太祖用鞭子打了他，朱友珪更加不能自安。后梁太祖病情严重，命王氏到东都大梁召朱友文来西都洛阳，想要与他诀别，并且托付后事。朱友珪的妻子张氏也日夜侍奉在太祖身边，知道这件事，秘密告知朱友珪说：『皇上把传国宝玺交给王氏带往东都，我们没几天就必死无疑了』。朱友珪夫妇相对哭泣。左右有人劝说他们：『情况到了危机时刻总会有转机，不如另外想办法，不要错过时机。』

六月丁丑朔（即农历六月初一），后梁太祖命谋士敬翔将朱友珪调任为莱州刺史，命他立即赴任。旨意已经传达，但是敕书还没有颁布。那时被贬的官员大多紧接着被赐死，朱友珪更加惊恐慌张。

戊寅（初二），朱友珪变换服装偷偷进入左龙虎军，见到统军韩勍，跟他说明了实情。韩勍也见功臣老将多因小过被杀，惧怕不能保全自己，于是与朱友珪共同策划。韩勍领牙兵五百人随从朱友珪混杂在控鹤军士中进入皇宫，埋伏在宫内，半夜砍断门闩进入，到达寝殿，侍候病人的都逃散了。后梁太祖惊起，问：『谋反的是谁？』朱友珪说：『不是别人。』后梁太祖说：『我本来就怀疑是你这个贼子，只恨我没有早把你杀了。你如此大逆不道，天地岂能容下你？』朱友珪说：『把老贼碎尸万段！』朱友珪的马夫冯廷谔猛刺太祖的肚子，刀尖从背上穿出。朱友珪自己用坏的毡毯裹住父亲的尸体，埋在寝宫里，将此事保密，并不发布太祖死亡的消息。朱友珪派供奉官丁昭溥快马跑到东都大梁命均王朱友贞杀死朱友文。

己卯（初三），朱友珪伪造诏书说：『博王朱友文图谋不轨，派兵突然闯入殿内，幸亏郢王朱友珪忠心纯孝，领兵诛杀了朱友文，保全了朕的生命。但是朕的病情因为受惊更加危急，应当让朱友珪暂时主持军国大事。』韩勍替友珪谋划，让他多出府库的金银钱帛厚厚赏赐各军和文武百官来取悦他们。

辛巳（初五），丁昭溥回来，朱友珪听他说朱友文

已死，这才宣布后梁太祖驾崩的消息，为他发丧，并宣布太祖的遗命，让朱友珪即皇帝位。

（乾化三年正月）癸亥，郢王友珪朝享太庙，改元凤历。

郢王友珪既得志，遽为荒淫，内外愤怒，友珪虽啖以金缯，终莫之附。驸马都尉赵岩，太祖之婿也，左龙虎统军、侍卫亲军都指挥使袁象先，太祖之甥也。岩奉使至大梁，均王友贞密与之谋诛友珪，岩曰：『此事成败，在招讨杨令公①耳。得其一言谕禁军，吾事立办。』均王乃遣腹心马慎交之魏州说杨师厚曰：『郢王篡弑，人望属在大梁，公若因而成之，此不世之功也。』且许事成之日赐犒军钱五十万缗。师厚与将佐谋之，曰：『方郢王弑逆，吾不能即讨；今君臣之分已定，无故改图，可乎？』或曰：『郢王亲弑君父，贼也；均王举兵复仇，义也。奉义讨贼，何君臣之有？彼若一朝破贼，公将何以自处乎？』师厚曰：『吾几误计。』乃遣其将王舜贤至洛阳，阴与袁象先谋，遣招讨马步都虞候谯人朱汉宾将兵屯滑州为外应。赵岩归洛阳，亦与象先密定计。

友珪治龙骧军溃乱者，搜捕其党，获者族之，经年不已。时龙骧军有戍大梁者，友珪征之，均王因使人激怒其众曰：『天子以怀州屯兵叛，追汝辈欲尽坑之。』其众皆惧，莫知所为。（二月）丙戌，均王奏龙骧军疑惧，未肯前发。戊子，龙骧将校见均王，泣请可生之路，王曰：『先帝与汝辈三十余年征战，经营王业。今先帝尚为人所弑，汝辈安所逃死乎？』因出太祖画像示之而泣曰：『汝能自趣洛阳雪仇耻，则转祸为福矣。』众皆踊跃呼万岁，请兵仗，王给之。

庚寅旦，袁象先等帅禁兵数千人突入宫中。友珪闻变，与妻张氏及冯廷谔趋北垣楼下，将逾城，自度不免，令廷谔先杀妻，后杀己，廷谔亦自刭。诸军十余万大掠都市，百司逃散，至晡乃定。

象先、岩赍传国宝诣大梁迎均王，王曰：『大梁国家创业之地，何必洛阳！』乃即帝位于大梁，复称乾化三年，追废友珪为庶人，复博王友文官爵。

注释 ①杨令公：指招讨使中书令魏博节度使杨师厚。

译文 后梁末帝乾化三年正月癸亥（九一三年正月二十日），郢王朱友珪前往太庙拜祭，改年号为『凤历』。

郢王朱友珪即位后立刻荒淫放纵，导致大梁朝野内外人人愤怒，朱友珪虽然用金银布帛来贿赂引诱，

最终没有人肯归附他。驸马都尉赵岩是太祖的女婿；左龙虎统军、侍卫亲军都指挥使袁象先是太祖的外甥。赵岩奉命出使到大梁，均王朱友贞秘密地与他谋划杀死朱友珪，赵岩说：『这件事的成败，掌握在都招讨使杨师厚令公手中。得他一句话晓谕禁军，我的事马上就办。』于是均王朱友贞派亲信马慎交前往魏州游说杨师厚：『郢王弑父篡位，而人心所向往归附的是身在大梁的均王朱友贞。你如果肯顺应人心帮助均王成大事，这真是不世的功勋啊。』并且答应事成之日赏赐给他钱五十万缗犒劳将士。杨师厚与将佐商议这件事，说：『当郢王杀父叛逆的时候，我不能立即讨伐；现在君臣名分已定，无故改变主意，可以吗？』有人说：『郢王亲自杀死君父，是贼；均王发兵复仇，是正义的。尊奉正义，讨伐逆贼，有什么君臣之分？他们一旦打败逆贼，您将怎么安顿自己呢？』杨师厚说：『我几乎打错算盘。』便派部将王舜贤前往洛阳，暗地里和袁象先谋划，又派招讨马步都虞候谯人朱汉宾领兵驻扎在滑州作为外应。赵岩回到洛阳后也和袁象先商议确定计划。

朱友珪追查龙骧军中在戍守怀州时逃跑作乱的士兵，并搜捕其党羽，只要抓到一律诛九族，过了一年还没有停止。当时龙骧军有戍守大梁的，朱友珪召他们回洛阳，均王朱友贞于是派人激怒他们说：『天子因戍守怀州的龙骧军叛变，追查你们打算全部活埋。』龙骧军的兵众都很害怕，不知道怎么办。二月丙戌（十三日），均王奏报大梁的龙骧军怀疑恐惧，不肯起程。戊子（十五日），龙骧军的将士们觐见均王，哭着请他指明生路，均王说：『先帝与你们三十余年南征北战，筹划经营帝王事业。现在先帝尚且被人杀死，你们到何处能够逃脱死亡呢？』说着向他们出示后梁太祖的画像，流着泪说：『你们能自己赶赴洛阳报仇雪耻，那么就能转祸为福了。』众将士都踊跃响应高呼万岁，请求分发兵器，均王将兵器给了他们。

庚寅旦（十日清晨），袁象先等人帅领数千名禁兵突然闯入宫中。朱友珪听到变乱的声音，和妻子张氏还有冯廷谔连忙赶往北垣楼下，将要跳墙出城，命令冯廷谔先把妻子张氏杀死，后杀死自己，冯廷谔也自杀。各军兵马十余万人大肆抢掠坊市，百官四散逃跑，直到傍晚才平定下来。

袁象先和赵岩带着传国玉玺前往大梁迎接均王朱友贞，均王朱友贞说：『大梁是国家基业最初创建的

地方，何必去洛阳？』于是在大梁继位称帝，恢复年号为乾化三年，追废朱友珪为庶人，恢复博王朱友文的官爵。

资治通鉴

资治通鉴

第十三章

后唐纪

后唐灭梁

（龙德元年）蜀主、吴主屡以书劝晋王称帝。同光元年，春，二月，晋王下教置百官。晋王筑坛于魏州牙城之南，夏，四月，己巳，升坛，祭告上帝，遂即皇帝位，国号大唐，大赦，改元。

（八月）戊戌，康延孝帅百余骑来奔，帝解所御锦袍玉带赐之，以为南面招讨都指挥使，领博州刺史。帝屏人问延孝以梁事，对曰：『梁朝地不为狭，兵不为少；然迹其行事，终必败亡。何则？主既暗懦，赵、张兄弟擅权，内结宫掖，外纳货赂，官之高下唯视赂之多少，不择才德，不校勋劳。段凝智勇俱无，一旦居王彦章、霍彦威之右，自将兵以来，专帅敛行伍以奉权贵。每出一军，不能专任将帅，常以近臣监之，进止可否动为所制。近又闻欲数道出兵，决以十月大举。臣窃观梁兵聚则不少，分则不多。愿陛下养勇蓄力以待其分兵，帅精骑五千自郓州直抵大梁，擒其伪主，旬月之间，天下定矣。』帝大悦。

（九月）帝在朝城，梁段凝进至临河①之南，澶西、相南，日有寇掠。自德胜失利以来，丧刍粮数百万，租

庸副使孔谦暴敛以供军，民多流亡，租税益少，仓廪之积不支半岁。泽潞未下。卢文进、王郁引契丹屡过瀛、涿之南，传闻俟草枯冰合，深入为寇，又闻梁人欲大举数道入寇，帝深以为忧，召诸将会议。宣徽使李绍宏等皆以为郓州城门之外皆为寇境，孤远难守，有之不如无之，请以易卫州及黎阳于梁，与之约和，以河为境，休兵息民，俟财力稍集，更图后举。帝不悦，曰：『如此吾无葬地矣。』乃罢诸将，独召郭崇韬问之。对曰：『陛下不栉沐，不解甲，十五余年，其志欲以雪家国之仇耻也。今已正尊号，河北士庶日望升平，始得郓州尺寸之地，不能守而弃之，安能尽有中原乎？臣恐将士解体，将来食尽众散，虽画河为境，谁为陛下守之？臣尝细询康延孝以河南之事，度己料彼，日夜思之，成败之机决在今岁。梁今悉以精兵授段凝，据我南鄙，又决河自固，谓我猝不能渡，恃此不复为备。使王彦章侵逼郓州，其意冀有奸人动摇，变生于内耳。段凝本非将材，不能临机决策，无足可畏。降者皆言大梁无兵，陛下若留兵守魏，固保杨刘，自以精兵与郓州合势，长驱入汴，彼城中既空虚，必望风自溃。苟伪主授首，则诸将自降矣。不然，今秋谷不登，军粮将尽，若非陛下决志，大功何由可成？谚曰：『当道筑室，三年不成。』

帝王应运，必有天命，在陛下勿疑耳。』帝曰：『此正合朕志。丈夫得则为王，失则为虏，吾行决矣！』

注释 ①临河：临河县，故治在今山西石楼县西三十公里处的田家岔村。

译文 后梁末帝龙德元年（公元九二一年），前蜀主、吴主多次劝晋王登基称帝。后唐庄宗同光元年春天二月（九二三年），晋王李存勖下令设置文武百官。晋王在魏州牙城的南面建筑祭坛。夏天四月己巳（二十五日），晋王登上祭坛，祭拜上天，即皇帝位，将国号定为大唐，大赦天下，改年号为『同光』。

（八月）戊戌，后梁的大将康延孝率领百余名骑兵投奔后唐，后唐庄宗（即李存勖）解下自己穿的御用锦袍玉带赏赐给康延孝，封他为南面招讨都指挥使，兼任博州刺史。后唐帝让周围的人退下，然后向康延孝询问后梁的事情。康延孝回答说：『梁朝的地盘不算小，兵力也不算少，然而看他过去所干的事情，最后必然会灭亡。为什么呢？后梁国主昏庸懦弱，赵、张兄弟专权擅政，对内勾结朝廷官员，对外广受贿赂，任免官员及职位高低只看贿赂他们的金钱有多少，从来不选择有才有德的人做官，也不论功行赏。段凝智勇全然没有，一夜之间竟升到王彦章、霍彦威的上面，自从段凝统兵以来，他任意约束士卒，以此来讨好权贵。梁主每次出兵，没有把军权交给将帅，经常用亲信来监督军队，军队前进与否，常受这些人制约。最近又听说梁主打算四面出击，决定在十月大举进攻。我自己认为梁兵集中在一起确实不少，但一分散开就不多了。愿陛下培养训练精兵强将，韬光养晦，等到他们分兵作战的时候，你再帅领五千精锐骑兵从郓州长驱直入到达大梁，生擒后梁伪主，不过十天到一个月的时间，就能平定天下。』庄宗非常高兴。（九月）庄宗身在朝城，后梁大将段凝进军到达临河南面，澶西、相南两地每日都有贼寇前来进犯。自从在德胜失利以来，损失粮草数百万，租庸副使孔谦凶暴地收取赋税来供应军需，很多百姓逃跑了，收上来的租税越来越少，仓库里的积蓄支持不了半年。泽州、潞州尚未攻下，卢文进、王郁率领契丹人曾多次经过瀛、涿的南面，传说等到草枯结冰就进一步深入后唐境。又听到后梁军想要出兵从好几个地方进入侵犯的消息，庄宗深深为这件事感到忧虑，便召集众将商议。宣徽使李绍宏等都认为郓州城门之外都是敌人占领区，孤立遥远，难以坚守，占有不如放弃，请求用这些地方换取后梁的卫州和黎阳，和后梁定约和好，以黄河为界，停止战争，让百姓得到休息，等到财力稍有积蓄时，再进一步计划以后的行动。后唐帝听后，很不高兴地说：『这样下

去，我就没有葬身之地了。』于是让诸将退下，单独召见郭崇韬询问计策。郭崇韬回答：『陛下十五年来不梳洗不解甲，一心立志要为家国报仇雪耻。现在已经名正言顺地做了皇帝，黄河以北的士卒百姓们天天盼望天下太平，现在刚刚得到郓州这块很小的地方，不能坚守而要放弃它，这样怎么能将中原大地全部占有呢？我所担心的是将士们灰心丧气，将来粮食吃完了，大家都离散，虽然划河为界，又有谁来为陛下坚守阵地呢？臣曾详细询问康延孝关于黄河南面的事情，揣度自己的能力估算敌军的实力，从早到晚思考这件事情，我认为今年能够一决胜负。梁国现在将全部精锐部队交给了段凝，占领我们的南边，又把河堤决开，以此来保护自己，说我们不能马上渡过黄河，他依靠这些有利条件就没有再设防。他们派王彦章逼近郓州，目的是希望有奸人动摇，在我们内部发生变化。段凝本来不是什么将材，他不能临阵决策，没有什么可畏惧的。从后梁投降的人都说大梁已无兵可用，陛下如果留兵镇守魏州，力保杨刘，亲自率领精锐部队和郓州兵马合作一处，长驱直入攻入汴梁，大梁城内既然已经空虚，敌军一定会闻风丧胆，自行溃败。如果伪主投降或者被杀，那么他们的各将领自然也会投降。不然的话，今年秋天五谷不丰收，军粮将要吃完，如果陛下不定决心，大功怎可以成呢？俗话说：「当道筑室，三年不成。」帝王顺应天运，一定会有天命，关键是陛下不能再迟疑了。』后唐庄宗说：『你说的很合我的心意。大丈夫胜利了为王，失败了就是阶下囚，吾决定出兵了！』

（十月）壬申，帝以大军自杨刘济河，癸酉，至郓州，中夜，进军逾汶，以李嗣源为前锋，甲戌旦，遇梁兵，一战败之，追至中都，围其城。城无守备，少顷，梁兵溃围出，追击，破之。王彦章以数十骑走，龙武大将军李绍奇单骑追之，识其声，曰：『王铁枪也！』拔槊刺之，彦章重伤，马踬，遂擒之，并擒都监张汉杰、曹州刺史李知节、裨将赵廷隐、刘嗣彬等二百余人，斩首数千级。

帝谓诸将曰：『向所患唯王彦章，今已就擒，是天意灭梁也。段凝犹在河上，进退之计，宜何向而可？』康延孝固请亟取大梁。李嗣源曰：『兵贵神速。今彦章就擒，段凝必未之知；就使有人走告，疑信之间尚须三日。设若知吾所向，即发救兵，直路则阻决河，须自白马南渡，数万之众，舟楫亦难猝办。此去大梁至近，前无山险，方陈横行，昼夜兼程，信宿可至。段凝未离河上，友贞已为吾擒矣。延孝之言

是也，请陛下以大军徐进，臣愿以千骑前驱。』帝从之。令下，诸军皆踊跃愿行。

王彦章败卒有先至大梁，告梁主以『彦章就擒，唐军长驱且至』者，梁主聚族哭曰：『运祚尽矣！』召群臣问策，皆莫能对。

梁主登建国楼，面择亲信厚赐之，使衣野服，赍蜡诏，促段凝军，既辞，皆亡匿。或请幸洛阳，收集诸军以拒唐，唐虽得都城，势不能久留。或请幸段凝军。复召宰相谋之，郑珏请自怀传国宝诈降以纾国难，梁主曰：『今日固不敢爱宝，但如卿此策，竟可了否？』珏俯首久之，曰：『但恐未了。』左右皆缩颈而笑。梁主日夜涕泣，不知所为；置传国宝于卧内，忽失之，已为左右窃之迎唐军矣。

梁主谓皇甫麟曰：『李氏吾世仇，理难降首，不可俟彼刀锯。吾不能自裁，卿可断吾首。』麟泣曰：『臣为陛下挥剑死唐军则可矣，不敢奉此诏。』梁主曰：『卿欲卖我邪？』麟欲自刭，梁主持之曰：『与卿俱死。』麟遂弑梁主，因自杀。梁主为人温恭约，无荒淫之失；但宠信赵、张，使擅威福，疏弃敬、李旧臣，不用其言，以至于亡。

己卯旦，李嗣源军至大梁，攻封丘门，王瓒开门出降，嗣源入城，抚安军民。是日，帝入自梁门，百官迎谒于马首，拜伏请罪，帝慰劳之，使各复其位。帝命访求梁主，顷之，或以其首献。

译文 十月壬申（十月初二），后唐庄宗率领大军从杨刘渡过黄河，第二天到达郓州，半夜继续行军很快过了汶水。庄宗派遣大将李嗣源领兵为前锋，初四清晨遭遇后梁军队，打一仗便将敌军击败，一直追到中都，包围了他们的城池。城中没有防备，不一会儿，后梁军冲出包围，后唐军奋勇追击，打败了后梁军。王彦章带领几十个骑兵逃跑，龙武大将军李绍奇单人独马追击他，李绍奇听出是王彦章的声音，说：『王铁枪！』于是拔出长槊刺向王彦章，王彦章身受重伤，马又跌倒了所以被生擒。后唐军一并生擒的还有后梁的都监张汉杰、曹州刺史李知节、裨将赵廷隐、刘嗣彬等人一共二百多人，数千人被斩首。

后唐庄宗对诸位将领说：『之前我担心成为我军祸患的只有王彦章一个人，现在他已经被生擒，这是上天要灭梁朝。梁将段凝现在还在黄河边上，我们是应该前进呢还是应该后退？』康延孝坚决请求急速攻取大梁。李嗣源对庄宗说：『兵贵神速。现在王彦章已被抓获，段凝一定还不知道，即使有人跑去告诉他，段凝是信是疑也需要三天时间来决定。假使他知道了我军所向，就会发兵援救。如果我们从直路去，有决口的黄河阻挡，需要从白马以南渡过黄河，几万军队，船只难以很快地办到。从这里去大梁最近，前面也没有高山险要的地方，把部队排成方阵，所向无阻，这样昼夜兼程，过两个晚上就能到达。段凝还没离开黄河边，朱友贞就会被我们抓获。康延孝说的对，请陛下率领大军缓慢前行，臣愿率领一千骑兵作为先导。』庄宗同意了。命令传下后，各路将士都争相表示愿意出发。

王彦章军中失败逃回的士兵有先到达大梁的，禀告梁主说：『王彦章被擒，后唐大军长驱直入就要到了大梁了。』梁主朱友贞聚集宗族成员，哭着说：『大梁的气数尽了。』召见群臣询问计策，都无法回答。

梁主登上建国楼，当面挑择亲信，厚厚的赏赐他，让他穿上普通百姓的衣服，怀揣藏有诏书的蜡丸，想催促段凝率军回援。这些亲信告辞后都逃亡躲起来。后梁主朱友贞攀上建国楼，有人请求后梁主到洛阳，把各军集合起来抵御后唐军，后唐军虽然占领了都城，但形势不允许他们久留。有人请求到段凝的军队那里。后来又召来宰相郑珏商量，郑珏请求自己拿着传国之宝去假装投降后唐军来缓解国难。后梁主说：『今天固然我不敢爱国宝，只是如果按你的这一办法去办，真能解除国难吗？』郑珏低下头，好久才说：『恐怕不能。』左右随从都缩着脖子发笑。梁主日夜不停痛哭，不知道该怎么办；把传国宝放卧室里，忽然不见了，早已被左右侍从官员偷了去迎接唐军邀功了。

梁主朱友贞对皇甫麟说：『李氏是我家世代的仇人，我按理绝难投降他们。也不能等到他们将刀锯加到我身上，我不能自杀，你可以砍断我的头颅。』皇甫麟哭着说：『我为陛下挥剑抗战死于唐军之手是可以的，但不敢接受这个诏令。』后梁主说：『你打算出卖我吗？』皇甫麟想自杀，后梁主拉住他说：『我和你一起死。』皇甫麟于是杀了梁主，随即自杀。梁主朱友贞为人温和谦恭，并且节俭不奢侈，没有荒淫的过失；但他宠信赵岩、张汉杰，使他们作威作福，疏远遗弃敬翔、李振等旧臣，不采用他们的建议，这才导致亡国。

己卯旦（初九清晨），李嗣源率军抵达大梁，攻打封丘门，王瓒开门而出，投降后唐，李嗣源顺利进入城中，抚慰大梁军民让他们安心。这一天，后唐帝从梁门进入城内，后梁国的百官们在后唐帝的马前迎接，并跪那里请罪，后唐帝慰劳他们，让他们回到各自的官位上。后唐庄宗下令寻访后梁主朱友贞，有人将他的头颅献上。

后晋纪

石敬瑭建后晋

帝与石敬瑭皆以勇力善斗，事明宗为左右；然心竞，素不相悦。帝即位，敬瑭不得已入朝，山陵既毕，不敢言归。时敬瑭久病羸瘠，太后及魏国公主①屡为之言；而凤翔将佐多劝帝留之，唯韩昭胤、李专美以为赵延寿在汴，不宜猜忌敬瑭。帝亦见其骨立，不以为虞，乃曰：『石郎不唯密亲，兼自少与吾同艰难，今我为天子，非石郎尚谁托哉！』乃复以为河东节度使。

（清泰二年六月）河东节度使、北面总管石敬瑭既还镇，阴为自全之计。时敬瑭二子为内使，曹太后则晋国长公主之母也，敬瑭赂太后左右，令伺帝之密谋，事无巨细皆知之。

（天福元年正月）癸丑，唐主以千春节置酒，晋国长公主上寿毕，辞归晋阳。帝醉，曰：『何不且留，遽归，欲与石郎反邪？』石敬瑭闻之，益惧。石敬瑭尽收其货之在洛阳及诸道者归晋阳，托言以助军费，人皆知其有异志。

初，石敬瑭欲尝唐主之意，累表自陈羸疾，乞解兵柄②，移他镇；帝与执政议从其请，移镇郓州。房暠、李崧、吕琦等皆力谏，以为不可，帝犹豫久之。

五月，庚寅夜，李崧请急在外，薛文遇独直，帝与之议河东事，文遇曰：『谚有之：「当道筑室，三年不成。」兹事断自圣志；群臣各为身谋，安肯尽言？以臣观之，河东移亦反，不移亦反，在旦暮耳，不若先事图之。』先是，术者言国家今年应得贤佐，出奇谋，定天下，帝意文遇当之，闻其言，大喜，曰：『卿言殊豁吾意，成败吾决行之。』辛卯，以敬瑭为天平节度使。

甲午，以建雄节度使张敬达为西北蕃汉马步都部署，趣敬瑭之郓州。敬瑭疑惧。都押牙刘知远曰：『明公久将兵，得士卒心；今据形胜之地，士马精强，若称兵③传檄，帝业可成，奈何以一纸制书自投虎口乎？』掌书记洛阳桑维翰曰：『主上初即位，明公入朝，主上岂不知蛟龙不可纵之深渊邪？然卒以河东复授公，此乃天意假公以利器。明宗遗爱在人，主上以庶孽代之，群情不附。公明宗之爱婿，今主上以反逆见待，此非首谢可免，但力为自全之计。契丹素与明宗约为兄弟，今部落近在云、应，公诚能推心屈节事之，万一有急，朝呼夕至，何患无成。』敬瑭意

遂决。

注释 ①魏国公主：后唐明宗李嗣源的女儿，石敬瑭的妻子，为曹太后所生，后改封晋国长公主。②兵柄：兵权，军权。③称兵：举兵起事。

译文 后唐末帝李从珂和石敬瑭都因勇敢善斗，成为先帝后唐明宗的左膀右臂。然而二人心存竞争的念头，素来相处得不好。现在，李从珂即位为皇帝，石敬瑭不得已入京朝拜，安葬完明宗以后，不敢提出归还镇所。当时石敬瑭久病之后很疲弱，曹太后和魏国公主几次替他说情，而从凤翔来的将领大多劝说末帝把他羁留洛阳，只有韩昭胤、李专美认为宣武节度使赵延寿正在汴梁，逼近洛都，为了避免赵延寿的疑惧，不应当猜忌石敬瑭。末帝也看出石敬瑭形销骨立，十分瘦弱，并不担心，就曰：『石郎不只和我关系密切，是我的内亲，而且从小和我一起共患难，现在我当了皇帝，除了他，我还能依靠谁呢？』于是仍旧任命他为河东节度使。

（后唐末帝清泰二年农历六月）河东节度使、北面总管石敬瑭回到管辖的藩镇之后，暗中筹划保全自己的计策。当时石敬瑭的两个儿子正担任内使，而曹太后是他妻子晋国长公主的母亲，石敬瑭贿赂曹太后的左右随从，让他们偷偷窥探末帝的秘密，所以关于末帝的事情，不管是大是小他都清楚。

后晋高祖天福元年正月癸丑（九三六年正月二十三日），唐末帝在自己生日那天设宴，石敬瑭的妻子晋国长公主上前敬酒祝寿完毕后，向末帝请辞回晋阳。末帝喝醉了，说：『为什么不再逗留一些时候，着急回去想和石郎一起谋反吗？』石敬瑭听到这话更加害怕。石敬瑭把他分散在洛阳和各地的财富货物都运入到晋阳，对外宣称说是为了资助军费，人人都知道他有二心。

之前石敬瑭想要试探唐末帝的心意，多次上表说自己身体羸弱还有病在身，请求解掉他的兵权，调任他到其他军镇。末帝和主管朝政的群臣商量打算听从他的请求，让他移镇郓州。房暠、李崧、吕琦等人都极力谏阻，认为不能这样做，末帝犹豫了很久。

五月庚寅夜（五月初二晚上），李崧因急事请假外出，薛文遇一个人当值，末帝和他商议黄河以东的事情，薛文遇说：『俗谚说：「在道路当中盖房，三年也盖不成」，这种事情只能由主上的意志进行决断。群臣各为自身利害做打算，怎么肯什么话都说？以臣看来，河东的事，移镇也反，不移也要反，只是时间早晚而已，不如走在前头，先把他解决了。』之前有算命的说国家今天应该得到贤能的人辅佐，提出奇谋帮助皇帝平定天下。末帝认为文遇应该就是那个人，听到他的话非常高兴，说：『你的话让我豁然开朗，不管是成功还是失败，我已经下定决定了。』辛卯（初三），任命石敬瑭为天平节度使。

甲午（初六），末帝任命建雄节度使张敬达为西北蕃汉马步都部署，催促石敬瑭前往郓州上任。石敬瑭又是怀疑又是害怕。都押牙刘知远说：『明公您长期统率兵将，很受到士兵的拥护，现在正占据着有利的地势，将士和马步军队都很精锐强悍，如果起兵，传发檄文宣示各道，可以完成统一国家的帝王大业，怎么能只为一道朝廷制令便自投虎口呢？』掌书记洛阳人桑维翰说：『主上当初即位时，明公您入京朝贺，主上岂能不懂得蛟龙不可纵之归渊的道理？然而到底还是把河东再次交给您，这正是天意要借一把快刀给您。先帝明宗的遗爱深入人心，末帝以庶出的孽子的身份取代帝位，众人内心一定不会归附。您是明宗的爱婿，可是现在主上却把您当作叛逆看待，这就不是仅仅靠表示低头服从所能取得宽免的了，只能努力为保全自己。契丹从前和明宗相约为兄弟，现在契丹部落近在云州、应州，如果您果真能推心置腹委曲求全侍奉他们，一旦出现危急之事，早上呼救晚上就到了，还担心不成功吗？』石敬瑭于是下定反心。

点评 河东事情，凡在清泰（后唐末帝年号）朝野之人，谁不知者！其所以重于言，重于发，惧言之则发大难之端在己而无以善其后耳。清泰主郁郁于此久矣，薛文遇一言当心，遂决然而不顾。（胡三省）

资治通鉴

◎后晋纪·石敬瑭建后晋

◎后晋纪·石敬瑭建后晋

（五月）戊戌，昭义节度使皇甫立奏敬瑭反。敬瑭表：『帝养子，不应承祀，请传位许王。』帝手裂其表抵地。壬寅，制削夺敬瑭官爵。丙午，以张敬达为太原四面兵马都部署，以义武节度使杨光远为副部署。

（七月）石敬瑭遣间使求救于契丹，令桑维翰草表称臣于契丹主，且请以父礼事之，约事捷之日，割卢龙一道及雁门关以北诸州与之。刘知远谏曰：『称臣可矣，以父事之太过。厚以金帛赂之，自足致其兵，不必许以土田，恐异日大为中国之患，悔之无及。』敬瑭不从。表至契丹，契丹主大喜，乃为复书，许俟仲秋倾国赴援。

帝闻契丹许石敬瑭以仲秋赴援，屡督张敬达急攻晋阳，不能下。每有营构，多值风雨，长围复为水潦所坏，竟不能合。晋阳城中日窘，粮储浸乏。

九月，契丹主将五万骑，号三十万，自扬武谷①而

南，旌旗不绝五十余里。辛丑，契丹主至晋阳，陈于汾北之虎北口。先遣人谓敬瑭曰：『吾欲今日即破贼可乎？』敬瑭遣人驰告曰：『南军②甚厚，不可轻，请俟明日议战未晚也。』使者未至，契丹已与唐骑将高行周、符彦卿合战，敬瑭乃遣刘知远出兵助之。张敬达、杨光远、安审琦以步兵陈于城西北山下，契丹遣轻骑三千，不被甲，直犯其陈。唐兵见其羸，争逐之，至汾曲，契丹涉水而去。唐兵循岸而进，契丹伏兵自东北起，冲唐兵断而为二，步兵在北者多为契丹所杀，骑兵在南者引归晋安寨。契丹纵兵乘之，唐兵大败，步兵死者近万人，骑兵独全。敬达等收余众保晋安，契丹亦引兵归虎北口。

壬寅，敬瑭引兵会契丹围晋安寨，置营于晋安之南，长百余里，厚五十里，多设铃索吠犬，人跬③步不能过。敬达等士卒犹五万人，马万匹，四顾无所之。甲辰，敬达遣使告败于唐，自是声问不复通。唐主大惧，遣彰圣都指挥使符彦饶将洛阳步骑兵屯河阳，诏天雄节度使兼中书令范延光将魏州兵二万由青山趣榆次，卢龙节度使、东北面招讨使兼中书令北平王赵德钧将幽州兵出契丹军后，耀州防御使潘环纠合西路戍兵，由晋、绛两乳岭出慈、隰，共救晋安寨。

丁未，唐主下诏亲征。十月，壬戌，诏大括天下将吏及民间马；又发民为兵，每七户出征夫一人，自备铠仗，谓之『义军』，期以十一月俱集，命陈州刺史郎万金教以战陈，用张延朗之谋也。凡得马二千余匹，征夫五千人，实无益于用，而民间大扰。

注释 ①扬武谷：古地名。在今山西原平西北。②南军：指后唐官军，因为唐兵从南方出兵攻打晋阳，故名。③跬：古代称人行走，举足一次为『跬』，举足两次为『步』，故半步称『跬』。

译文 五月戊戌（初十），昭义节度使皇甫立向末帝奏报说石敬瑭谋反。石敬瑭上表说：『末帝李从珂是先帝明宗的养子，不应该继承帝位，请传位给许王李从益。』末帝把石敬瑭的表章撕碎扔在地上。壬寅（十四日），末帝下制令，削夺了石敬瑭的官爵。丙午（十八日），末帝封张敬达为太原四面兵马都部署，义武节度使杨光远为副部署。

（七月）石敬瑭派使者向契丹求救，让桑维翰草拟奏表向契丹主称臣，并且请求用儿子侍奉父亲的礼仪侍奉他，约定事成之日，割让卢龙一道和雁门关以北各州给他。刘知远劝谏他说：『称臣就可以了，用父亲的礼节对待他就太过分了。用丰厚的金银财宝贿赂他，足以

促使他发兵，不必许诺割给他土田，那样恐怕以后要成中国的大患，后悔就来不及了。』石敬瑭不听。石敬瑭的表章送到契丹，契丹国主非常高兴，回信答应到仲秋时出动举国之兵支援石敬瑭。

末帝听到奏报，说契丹答应石敬瑭在仲秋时节发兵来支援他，几次督促张敬达紧急攻打晋阳，但不能攻下。每当有所营建构筑工事，往往遇到风雨天气，长长的围墙再次被水浸坏，竟然不能合拢。晋阳城陷入日益困窘的局面，粮食被浸湿而缺乏。

九月，契丹国主耶律德光领五万骑兵，号称三十万，出扬武谷南下，旌旗连绵不绝延伸了五十多里。辛丑（十五日），契丹主到达晋阳，把兵马布列在汾北的虎北口。先派人对石敬瑭说：『我打算今天攻打贼兵，行不行？』石敬瑭派人驰奔告诉他们说：『南军力量很雄厚，不可以轻视，请等到明天议论如何开战也不晚。』使者尚未到，契丹兵马就已经和后唐骑将高行周、符彦卿战斗到了一块，石敬瑭于是派刘知远出兵援助。张敬达、杨光远、安审琦用步兵列阵在城西北山下，契丹派轻骑兵三千人，不披铠甲，直奔唐兵阵列。唐兵看到契丹兵单薄，争相驱赶，到了汾水之曲，契丹兵涉水而去。唐兵沿着河岸向北进取，契丹伏兵从东北涌起，冲击唐兵，把唐兵截为两段，在北面的步兵大多被契丹所杀，在南面的骑兵引退回到晋安营寨。契丹放纵士兵乘胜追击，唐兵大败，步兵死伤近万人，只有骑兵得以保全。张敬达等人收拾余下的士兵退回晋安，契丹也带兵回到虎北口。壬寅（十六日），石敬瑭令兵会合契丹军队，一起围攻晋安寨，在晋安南面安营扎寨，长达百余里，纵深五十里，设置许多带着铃铛锁链的吠犬，人不能越过半步。此时张敬达等的士兵尚有五万人，马有万匹，四面张顾，不知往哪里去好。甲辰（十八日），张敬达派出使者向后唐朝廷报告打了败仗，此后便没有再通音讯了。唐主极为恐惧，派遣彰圣都指挥使符彦饶统领洛阳步兵、骑兵屯扎在河阳，末帝下诏命令天雄节度使兼中书令范延光统领魏州兵两万从邢州青山奔赴榆次，卢龙节度使、东北面招讨使兼中书令北平王赵德钧率领幽州兵马从契丹军后方出击，耀州防御使潘环纠合西路的戍卫兵士，绕过晋州、绛州间的两乳岭直接奔赴慈、隰，一起来营救晋安寨。

丁未（二十一日），后唐末帝李从珂下诏亲征。十月壬戌（农历十月初七）末帝下诏广泛搜罗天下间官吏和百姓的马，又征百姓为兵，每七户必须有一人应征，自己准备铠甲兵器，称作『义军』，定期在十一月

全部集中，命令陈州刺史郎万金训练他们的战阵知识和技能，这是采用张延朗的谋划。最后只获得两千余匹战马，五千征夫，用处不大，民间却饱受侵扰。

点评 今之疆理，西越益、宁，南尽交、广，至于海外，皆石敬瑭捐割关险以启之也，其果天意乎！

置之死地而后生。若张敬达等航于围落未合之时，勉谕将士，竭力致死决战，胜负未可知也。（胡三省）

（十一月）契丹主谓石敬瑭曰：『吾三千里赴难，必有成功。观汝器貌识量，真中原之主也。吾欲立汝为天子。』敬瑭辞让者数四，将吏复劝进，乃许之。契丹主作册书，命敬瑭为大晋皇帝，自解衣冠授之，筑坛于柳林，是日，即皇帝位。割幽、蓟、瀛、莫、涿、檀、顺、新、妫、儒、武、云、应、寰、朔、蔚十六州以与契丹，仍许岁输帛三十万匹。己亥，制改长兴七年为天福元年，大赦。

帝与契丹主将引兵而南，欲留一子守河东，咨于契丹主，契丹主令帝尽出诸子，自择之。帝兄子重贵，父敬儒早卒，帝养以为子，貌类帝而短小，契丹主指之曰：『此大目者可也。』乃以重贵为北京留守、太原尹、河东节度使。（闰月）丁卯，至团柏，与唐兵战，赵德钧、赵延寿先遁，符彦饶、张彦琦、刘延朗、刘在明继之，士卒大溃，相腾践死者万计。

己巳，延朗、在明至怀州，唐主始知帝即位，杨光远降。符彦饶、张彦琦至河阳，密言于唐主曰：『今胡兵大下，河水复浅，人心已离，此不可守。』丁丑，唐主命河阳节度使苌从简与赵州刺史刘在明守河阳南城，遂断浮梁，归洛阳。

唐主命马军都指挥使宋审虔、步军都指挥使符彦饶、河阳节度使张彦琦、宣徽南院使刘延朗将余骑至白马阪行战地，有五十余骑奔于北军。诸将谓审虔曰：『何地不可战，谁肯立于此？』乃还。庚辰，唐主又与四将议复向河阳，而将校皆已飞状迎帝。帝虑唐主西奔，遣契丹千骑扼渑池。

辛巳，唐主与曹太后、刘皇后、雍王重美及宋审虔等携传国宝登玄武楼自焚。皇后积薪欲烧宫室，重美谏曰：『新天子至，必不露居，他日重劳民力；死而遗怨，将安用之？』乃止。是日晚，帝入洛阳。

（天福二年正月）戊寅，以李崧为中书侍郎、同平章事，充枢密使，桑维翰兼枢密使。时晋新得天下，藩镇多未服从，或虽服从，反仄不安。兵火之余，府库殚竭，民间困穷，而契丹征求无厌。维翰劝帝推诚弃怨以抚藩镇，卑辞厚礼以奉契丹，训卒缮兵以修武备，务农桑以实仓廪，通商贾以丰货财。数年之间，中国稍安。

译文 十一月，契丹主对石敬瑭说：『我从三千里外赶过来解决你的危难，一定会成功。我观察你的气度相貌和见识度量各方面，真的是中原之主。我打算立你为天子。』石敬瑭四次辞让，将士和官吏们再次劝他登基，这才答应。契丹主制作册封的文书，命令石敬瑭为大晋皇帝，自己解下衣服冠冕亲授给他，在柳林搭筑坛台，就在这一天，即了皇帝之位。并割让了幽、蓟、瀛、莫、涿、檀、顺、新、妫、儒、武、云、应、寰、朔、蔚十六个州给予契丹，仍然答应每年运输帛三十万匹给他们。己亥（十四日），后晋高祖石敬瑭下令改后唐年号长兴七年为天福元年，大赦天下

石敬瑭和契丹国主将要领兵南下，想留一个儿子镇守河东，咨询契丹国主，契丹国主让他把几个儿子都叫出来，他亲自挑选。后晋高祖哥哥的儿子石重贵，其父石敬儒早亡，后晋高祖养育他做自己的儿子，相貌与后晋高祖相像而身材短小，契丹主指着他说：『这个大眼睛的可以。』因而任用石重贵为北京留守、太原尹、河东节度使。闰十一月丁卯（十二日），到达团柏后和唐兵交战，赵德钧、赵延寿先行逃跑，符彦饶、张彦琦、刘延朗、刘在明接着逃跑，士卒大为溃散，相互践踏而死者数以万计。

己巳（十四日），刘延朗、刘在明来到怀州，后唐末帝李从珂这才知道石敬瑭已经即位称帝，而杨光远也投降后晋。符彦饶、张彦琦到达河阳，秘密地向唐末帝说：『现在胡兵大举南下，黄河的水又很浅，人心已经离散，此地不能固守。』丁丑（二十二日），后唐末帝李从珂下令河阳节度使苌从简和赵州刺史刘在明镇守河阳南城，然后将渡河的浮梁拉断，返回洛阳。

唐主李从珂命马军都指挥使宋审虔、步军都指挥使符彦饶、河阳节度使张彦琦、宣徽南院使刘延朗率领剩余的骑兵至白马阪准备战场，途中有五十余个骑兵逃跑投奔后晋。诸将对宋审虔说：『哪个地方不能战斗，谁还肯停留在这里？』便带兵回来了。庚辰（二十五日），后唐末帝又同宋、符、张、刘四将商讨再向河阳进攻，而此时将校都已经驰送降书给后晋高祖了。后晋高祖石敬瑭担心唐主李从珂西逃，派一千名契丹骑兵在渑池扼住出口。

辛巳（二十六日）后唐末帝李从珂连同曹太后、刘皇后、雍王李重美，还有宋审虔等人带着传国宝在玄武

楼自焚。刘皇后积聚薪柴想把宫室也烧了，李重美劝谏说：『新天子来了，必定不能露天居住，以后修建宫室还要劳费民力。我们死了，还要给民众遗留怨恨，能有什么好处？』这才停止了烧毁皇宫。当天夜里，石敬瑭率军进入洛阳城。

后晋高祖天福二年（九三七年）正月戊寅（二十五日），石敬瑭任命李崧为中书侍郎、同平章事，并充任枢密使，让桑维翰兼任枢密使一职。当时，后晋新得天下，藩镇大多还没有服从；或者虽然服从，但是还反复不安定。战争焚掠之余，官家府库中的金帛财物已经支用净尽，民间生活困难贫穷，而契丹又征调索求没完没了。桑维翰劝石敬瑭对藩镇要推诚置腹，抛弃以前的恩怨，对待契丹则要言辞谦卑，厚礼进献；同时训练士兵，修缮武备，从事农业生产充实粮仓；让商贾贸易自由用以丰富财货。几年的时间内，国家就会稍稍安定下来。

契丹灭后晋

（天福七年）帝之初即位也，大臣议奉表称臣告哀于契丹，景延广请致书称孙而不称臣。李崧曰：『屈身以为社稷，何耻之有！陛下如此，他日必躬擐甲胄，与契丹战，于时悔无益矣。』延广固争，冯道依违其间。帝卒从延广议。契丹大怒，遣使来责让，且言：『何得不先承禀，遽即帝位？』延广复以不逊语答之。

契丹卢龙节度使赵延寿欲代晋帝中国，屡说契丹击晋，契丹主颇然之。

初，河阳牙将乔荣从赵延寿入契丹，契丹以为回图使①，往来贩易于晋，置邸大梁。及契丹与晋有隙，景延广说帝囚荣于狱，悉取邸中之货。凡契丹之人贩易在晋境者，皆杀之，夺其货。大臣皆言契丹有大功，不可负。（天福八年九月）戊子，释荣，慰赐而归之。

荣辞延广，延广大言曰：『归语而主，先帝为北朝所立，故称臣奉表。今上乃中国所立，所以降志于北朝者，正以不敢忘先帝盟约故耳。为邻称孙，足矣，无称臣之理。北朝皇帝勿信赵延寿诳诱，轻侮中国。中国士马，尔所目睹。翁怒则来战，孙有十万横磨剑，足以相待。他日为孙所败，取笑天下，毋悔也！』荣自以亡失货财，恐归获罪，且欲为异时据验，乃曰：『公所言颇多，惧有遗忘，愿记之纸墨。』延广命吏书其语以授之，荣具以白契丹主。契丹主大怒，入寇之志始决。

注释 ①回图使：五代契丹时设置的官职，负责契丹（辽国）和中原地区的贸易。

译文 后晋高祖天福七年（九四二年），后晋第二任皇帝石重贵刚继位的时候，有大臣建议向契丹上表称臣，并禀报高祖去世这一值得悲哀的消息。景延广请求上书的时候，只自称孙而不称臣。李崧奏道：『屈身事胡是为了江山社稷，有什么可耻的！陛下这样做，他日必然落个亲身披甲带胄去同契丹打仗的结果，那时再后悔可就没有用处了。』景延广坚持自己的意见，冯道在其间含糊糊不明，出帝终于听从了景延广的意见。契丹国主耶律德光看到信大怒，派使者前来责问，并说：『为什么不先禀告我而这么快就登基称帝了？』延广又用无礼的语言回答契丹。

契丹任命的卢龙节度使赵延寿想要代替晋做中国

之主，屡次劝契丹南下攻击晋国，契丹主认为他说得很对。之前，河阳牙将乔荣追随赵延寿来到契丹，契丹任命他为回图使，和晋国来往贸易，在大梁买了大宅子，待到契丹同晋国有了嫌隙时，景延广说服出帝把乔荣囚拘在牢狱里，把他府邸中的财宝都夺取过来。凡是契丹人在晋国境内贩卖贸易者，都杀了，夺取其财货。晋国的大臣都上言说契丹有过大功，不能辜负。后晋齐王天福八年九月戊子（九四三年农历九月十三），晋国释放乔荣，安慰赏赐了他，将他遣返契丹。

乔荣向延广告辞，延广夸口说：『回去告诉你的契丹国主，先帝是契丹所立，所以上表的时候自称是臣。现在的皇帝乃是中原自己所立，之所以还向北朝降低身份，正是因为不敢忘记先帝同北朝做过盟约的缘故。作为邻邦自称为孙，已经足够了，没有再向北朝称臣的道理。北朝的皇帝不要听信赵延寿的诱骗，轻慢欺侮中原。中原的兵马你亲眼看到了。就算做爷爷的发怒来攻打，做孙儿的也有十万横磨剑，足够应对。以后如果被孙儿打败，被天下人取笑，可不要后悔呀！』乔荣自己认为丢掉了货物和钱财，怕归来获罪，并且想替今后取得证据，就说：『您说的内容太多，怕遗忘了说不全，希望把您讲的话用纸墨记录下来。』景延广于是让官吏把他说的话写下来交给乔荣，乔荣又一五一十地禀告给了契丹国主。契丹国主大怒，南下进攻晋国的决定便定了下来。

点评 景延广建议称孙不称臣，犹可曰为国体也；囚其邸吏而取其货财，则误国之罪无所逃矣。（胡三省）

桑维翰屡请逊辞以谢契丹，每为延广所沮。帝以延广有定策功，故宠冠群臣；又总宿卫兵，故大臣莫能与之争。河东节度使刘知远，知延广必致寇，而畏其方用事，不敢言，但益募兵，奏置兴捷、武节等十余军以备契丹。

（天福八年）十二月，乙巳朔，遣左领军卫将军蔡行遇将兵戍郓州。杨光远遣骑兵入淄州，劫刺史翟进宗归于青州。甲寅，徙杨承祚为登州刺史以从其便。

光远益骄，密告契丹，以晋主负德违盟，境内大饥，公私困竭，乘此际攻之，一举可取。赵延寿亦劝之。契丹主乃集山后①及卢龙兵合五万人，使延寿将之，委延寿经略中国，曰：『若得之，当立汝为帝。』又常指延寿谓晋人曰：『此汝主也。』延寿信之，由是为契丹尽力，画取中国之策。

开运元年，春，正月，乙亥，边藩驰告：『契丹前锋将赵延寿、赵延照将兵五万入寇，逼贝州。』先是朝廷以贝州水陆要冲，多聚刍粟，为大军数年之储，以备契丹。军校邵珂，性凶悖，永清节度使王令温黜之。珂怨望，密遣人亡入契丹，言：『贝州粟多而兵弱，易取也。』会令温入朝，执政以前复州防御使吴峦权知州事。峦至，推诚抚士；会契丹入寇，峦书生，无爪牙，珂自请，愿效死，峦使将兵守南门，峦自守东门。契丹主自攻贝州，峦悉力拒之，烧其攻具殆尽。己卯，契丹复攻城，珂引契丹自南门入，峦赴井死。契丹遂陷贝州，所杀且万人。（庚辰）太原奏契丹入雁门关。恒、邢、沧皆奏契丹入寇。

资治通鉴

注释 ①山后：指山后四州，包括妫、檀、云、应诸州。相当今山西、河北两省内外长城之间地区。

译文 桑维翰多次请求皇上用谦逊的语言向契丹致歉，每次都被景延广所阻挠。出帝认为景延广有决定计策的功劳，和扶立他继位的功绩，所以恩宠比其他群臣都高；又总管宫廷宿卫将士，因此朝中大臣不敢同他争论。河东节度使刘知远知道景延广一定会导致契丹进犯，但害怕他正当权受宠，不敢进谏，只是进一步招募兵卒，奏请皇上增置兴捷、武节等十几路军以防备契丹。

后晋天福八年十二月乙巳朔（九四三年农历十二月初一），晋出帝派遣左领军卫将军蔡行遇带兵前往郓州戍卫。杨光远派遣骑兵进入淄州，劫掠了刺史翟进宗还归青州。甲寅（初十），朝廷为了方便杨承祚行事，调任他为登州刺史。

杨光远更加骄横，秘密禀告契丹说晋主违背盟约有负契丹恩德，而且境内出现大面积饥荒，官府和民间的资源都困顿耗竭。乘这个时候攻打，一举可以夺取晋室天下。投降契丹的赵延寿也劝说契丹南征。契丹主耶律德光便聚集山后和卢龙的兵众共合五万人，让赵延寿统领他们，并委任赵延寿经略中原，说：『如果能夺得中原，定当立你当皇帝。』又经常指着赵延寿对晋人说：『这是你们的君主。』赵延寿信以为真，因此更加卖力地为契丹谋划进取中原计策。

开运元年春天正月乙亥日（九四四年正月初二），驻守边防的藩镇快马报告说：『契丹的前锋将军赵延寿、赵延照领兵五万入侵，直逼贝州城。』起先，后晋朝廷因为贝州是水陆要冲，便大量聚集粮草，是大举进军时的数年储存，用以防备契丹。军校邵珂，性格凶狠不讲理，永清节度使王令温贬黜了他。邵珂怨恨，暗中派人跑到契丹，说：『贝州粮食多而兵力弱，容易攻

取。』适逢王令温入朝，执政者任用前复州防御使吴峦暂时主持州务。吴峦到达贝州，推诚对待将士。正巧遇到契丹来犯，吴峦是一介书生，没有军队，邵珂自己提出请求说愿意拼死效力，吴峦让他带兵镇守南门，吴峦自己守卫东门。契丹主亲自攻打贝州，吴峦全力抗他，把他的攻城器具几乎都烧光了。己卯（初六），契丹又来攻城，邵珂引领契丹兵从南门进来，吴峦投井而死。契丹便把贝州城攻取下来，所杀害的晋国军民多达万人。庚辰日（初七）太原奏报说契丹已经进入雁门关。此外，恒州、邢州、沧州等地也都奏报说有契丹兵马入境侵掠。

点评 刘知远非不敢言，盖亦有憾于帝而不欲言，将坐观成败，因而利之也。

契丹用中国之将，将中国之兵以攻晋，藉寇兵而赍盗粮，中国自此胥为夷矣。

赵延寿为契丹主愚弄鼓舞，至死不悟，嗜欲深者天机浅也。（胡三省）

契丹连岁入寇，中国疲于奔命①，边民涂地；契丹人畜亦多死，国人厌苦之。（开运二年六月）述律太后谓契丹主曰：『使汉人为胡主，可乎？』曰：『不可。』太后曰：『然则汝何故欲为汉主？』曰：『石氏负恩，不可容。』太后曰：『汝今虽得汉地，不能居也；万一蹉跌，悔何所及！』又谓其群下曰：『汉儿何得一向眠②！自古但闻汉和蕃，未闻蕃和汉。汉儿果能回意，我亦何惜与和！』

桑维翰屡劝帝复请和于契丹以纾国患，帝假开封军将张晖供奉官，使奉表称臣诣契丹，卑辞谢过。契丹主曰：『使景延广、桑维翰自来，仍割镇、定两道隶我，则可和。』朝廷以契丹语忿，谓其无和意，乃止。及契丹主入大梁，谓李崧等曰：『向使晋使再来，则南北不战矣。』

（八月）丙寅，右仆射兼中书侍郎、同平章事和凝罢守本官；加枢密使、户部尚书冯玉中书侍郎、同平章事，事无大小，悉以委之。

帝自阳城之捷，谓天下无虞，骄侈益甚。四方贡献珍奇，皆归内府；多造器玩，广宫室，崇饰后庭，近朝莫之及；作织锦楼以织地衣，用织工数百，期年乃成；又赏赐优伶无度。桑维翰谏曰：『向者陛下亲御胡寇，战士重伤者，赏不过帛数端。今优人一谈一笑称旨③，往往赐束帛、万钱、锦袍、银带，彼战士见之，能不觖望④，曰：『我曹冒白刃，绝筋折骨，曾不如一谈一笑之功乎？』如此，则士卒解体，陛下谁与卫社稷乎？』帝不听。

冯玉每善承迎帝意，由是益有宠。尝有疾在家，帝谓诸宰相曰：『自刺史以上，俟冯玉出乃得除。』其倚任如此。玉乘势弄权，四方赂遗，辐辏其门。由是朝政益坏。

注释 ①奔命：应急救援。②一向眠：睡觉时不会翻来覆去，指能够安眠。③称旨：符合皇帝心意。④觖望：因不满意而怨恨。

译文 契丹军队连年进犯，中原的军队疲于奔走，往来于各地应急救援，边民处境十分艰难；契丹的人和牲畜也死了不少，契丹的国人对这种状况也感到十分厌倦和痛苦。述律太后对契丹主说：『让汉人来当胡人皇帝行不行？』回答说：『不行！』太后说：『那么你为什么要当汉人的皇帝？』回答说：『姓石的辜负了我们对他们的恩义，不能容忍。』太后说：『你现在虽然取得了汉地，但不能居住；万一有了差失，后悔也来不及！』又对她的众位下属说：『汉儿何曾得到过安眠！自古以来只听说汉人想和胡人和好，没听说过胡人主动去和汉儿求和。汉儿如能回心转意，我们吝惜什么而不肯和好呢？』

桑维翰多次劝诫石重贵重新向契丹请和以舒缓国家的危难，出帝暂命开封军将张晖为供奉官，让他带着称臣的表章前往契丹朝见，用谦卑的言辞道歉。契丹主说：『让景延广、桑维翰亲自来，仍然割让镇州、定州两道归属于我国，就可以和。』后晋朝廷认为契丹讲话无理，说他没有和意，便停止了讲和。等到契丹国主耶律德光攻入大梁，对李崧等人曰：『以前要是晋国的使者再来，那我们契丹就不会和南面的汉人交战了。』

八月丙寅（初三），右仆射兼中书侍郎、同平章事和凝被罢官；枢密使、户部尚书冯玉被加授中书侍郎、同平章事等职务，事情无论大小，出帝石重贵都全部委任他处理。出帝自从阳城大捷之后，自以为天下没有什么值得担心的事，日益骄横奢侈。全国各地进献的珍贵奇玩，都输送到内府；大量制造器具玩物，扩建宫室，装饰后宫，近来各朝望尘莫及。建造织锦楼来编织地毯，征用数百名织工，一年才完成。出帝又毫无节制地赏赐为他歌舞的艺人。大臣桑维翰劝谏道：「过去陛下亲自率兵抗击胡人的进攻，战士受重伤的，也不过赏给数端布帛而已。现在艺人一说一笑合您的心意，就往往赏给十端布帛、上万钱币，还有锦袍、银带。这些若让那些战士看见，怎能不抱怨说：「我们冒兵刃加身、折断筋骨的危险立下

的战功，还不如别人说一句话笑一声的功劳大吗？』这样就会导致军队瓦解，谁还会和陛下一起守卫江山呢？』出帝不听。

冯玉每次都善于迎合出帝的心意，因此更加得宠。有一次他在家养病，没有入朝，出帝对宰相说：『自刺史以上的官职，要等冯玉病好入朝，才能任命。』对他竟这样信任、重用。冯玉乘机弄权，四面八方前来贿赂的人聚集在他家。此后朝政更加崩危。

点评 胜之不可恃也尚矣。纣之百克而卒无后，夫差数战数胜，终以亡国。桑田之捷，灭虢之兆也；方城之胜，破庸之基也。项梁死于定陶而嬴秦墟，宇文化及摧于黎阳而李密败，皆恃胜之祸也。阳城之战，危而后克。契丹折翅北归，蓄愤愈甚，为谋愈深，晋主乃偃然以为无虞，石氏宗庙，宜其不祀也。

窦广德有贤行，汉文帝以其后弟，恐天下议其私，不敢相也。冯玉何人斯，晋出帝昌言于朝以昵亲任之意！临乱之君，各贤其臣，其此谓乎！（胡三省）

（开运三年七月）有自幽州来者，言赵延寿有意归国。枢密使李崧、冯玉信之，命天雄节度使杜威致书于延寿，具述朝旨，啖以厚利，洺州军将赵行实尝事延寿，遣赍书潜往遗之。延寿复书言：『久处异域，思归中国。乞发大军应接，拔身南去。』辞旨恳密。朝廷欣然，复遣行实诣延寿，与为期约。

（九月）契丹使瀛州刺史刘延祚遗乐寿监军王峦书，请举城内附。且云：『城中契丹兵不满千人，乞朝廷发轻兵袭之，己为内应。又，今秋多雨，自瓦桥以北，积水无际，契丹主已归牙帐，虽闻关南有变，地远阻水，不能救也。』峦与天雄节度使兼中书令杜威屡奏瀛、莫乘此可取，深州刺史慕容迁献《瀛莫图》。冯玉、李崧信以为然，欲发大兵迎赵延寿及延祚。

先是，侍卫马步都指挥使、天平节度使李守贞数将兵过广晋，杜威厚待之，赠金帛甲兵，动以万计；守贞由是与威亲善。守贞入朝，帝劳之曰：『闻卿为将，常费私财以赏战士。』对曰：『此皆杜威尽忠于国，以金帛资臣，臣安敢掠有其美！』因言：『陛下若他日用兵，臣愿与威戮力以清沙漠。』帝由是亦贤之。及将北征，帝与冯玉、李崧议，以威为元帅，守贞副之。冬，十月，辛未，以威为北面行营都指挥使，以守贞为兵马都监。杜威、李守贞会兵于广晋而北行。威屡使公主①入奏，请益兵，由是禁军皆在其麾下，而宿卫空虚。

（十一月）契丹主大举入寇，自易、定趣恒州。杜威等至武强，闻之，将自贝、冀而南。彰德节度使张彦泽时在恒州，引兵会之，言契丹可破之状；威等复趣恒州，以彦泽为前锋。甲寅，威等至中度桥，契丹已据桥，彦泽帅骑争之，契丹焚桥而退。晋兵与契丹夹滹沱而军。

杜威虽以贵戚为上将，性懦怯。偏裨皆节度使，但日相承迎，置酒作乐，罕议军事。契丹以大军当晋军之前，潜遣其将萧翰、通事刘重进将百骑及羸卒，并西山出晋军之后，断晋粮道及归路。翰等至栾城，城中戍兵千余人，不觉其至，狼狈降之。（十二月）辛酉，威又遣从者张祚等来告急，祚等还，为契丹所获。自是朝廷与军前声问两不相通。

时宿卫兵皆在行营，人心懔懔，莫知为计。开封尹桑维翰，以国家危在旦夕，求见帝言事；帝方在苑中调鹰，辞不见。又诣执政言之，执政不以为然。退，谓所亲曰：『晋氏不血食矣！』

注释 ①公主：指出帝的姑姑、杜威的妻子，后晋的宋国长公主。

译文 后晋开运三年七月（九四六年七月），有人从幽州而来，说赵延寿有意归顺晋国；枢密使李崧、冯玉相信他说的话，让天雄节度使杜威写信给赵延寿详细地叙述了朝廷的旨意，用优厚的利益引诱他。洺州将领赵行实曾在赵延寿手下做过事，派他带上书信偷偷送到幽州去。赵延寿回信说：『久在异国他乡，很想回中原。恳求朝廷发大军接应，我将脱身南下。』言辞十分诚恳，后晋朝廷欣然答应，又派行实前往拜见赵延寿，和他约好日期。

九月，契丹使瀛州刺史刘延祚给乐寿监军王峦送了一封书信，请求举城归降。并且说：『城中契丹兵不足一千人，请朝廷派轻兵前来袭击，自己为内应。还有，今年秋天雨多，从瓦桥以北，积水漫无边际，契丹主已回牙帐去了，纵然听到关南有突变，路远隔水，也不能前来援救。』王峦与天雄节度使兼中书令杜威屡次上奏，认为瀛、莫二州乘这个机会可夺取；深州刺史慕容迁献上《瀛莫图》。冯玉、李崧深信不已，想要派出大队兵马迎接赵延寿和刘延祚。

之前，侍卫马步都指挥使、天平节度使李守贞好几次率兵经过广晋的时候，杜威都厚厚地接待了他，赠给他金钱布帛盔甲兵器，动不动就多达上万件。李守贞因此和杜威亲近友好。李守贞入朝时，后晋出帝慰劳他说：『听说爱卿作为将军，常用自己的钱财赏给战

士。』答道：『这些都是杜威对国家的忠心，他用金银钱财资助我，我怎么敢掠取他的美德？』于是说：『陛下如果他日用兵，我愿和杜威通力合作剿清沙漠之敌。』后晋出帝因此也觉得他是个德才兼备的将军。待将要北征时，后晋出帝和冯玉、李崧商议，任命杜威为元帅，李守贞为副帅。冬季，十月，辛未（十四日），命杜威为北面行营都指挥使，命李守贞为兵马都监。杜威、李守贞先在广晋会师然后行军北上。杜威多次让妻子、宋国长公主向皇帝请求增派兵马，从此禁军将领都成为他的麾下，而朝廷的宿卫变得空虚。

十一月，契丹国主率大队人马大举从易州、定州入侵，一直进犯到恒州。杜威等人领兵到达武强，听说这个消息，打算从贝州、冀州南下。彰德节度使张彦泽当时在恒州，领兵前去和杜威等人会师，并陈述契丹可以被打败的理由。杜威等又开往恒州，命张彦泽为前锋。甲寅（二十七日），杜威等人到达中度桥，桥已被契丹占据，彦泽帅领骑兵争夺，契丹人焚桥撤退。然后晋兵和契丹兵马隔着夹滹沱河驻扎下来。

杜威虽然凭借皇亲国戚的身份做到上将，但是为人怯懦。手下的偏将裨将都是节度使，每天只知道互相奉承逢迎，饮酒作乐，很少商议军事。契丹用大军挡在后晋军队的前面，又悄悄派出将领萧翰、刘重进率领一百名骑兵和羸弱的步卒，沿西山出现在后晋军队的后面，切断后晋军的粮道和退路。萧翰等到达了栾城，城中后晋守军有一千多人，没想到敌人来临，慌乱狼狈中全都投降了。十二月辛酉（初五），杜威又派随从人员张祚等人前来告急，张祚等人回去的时候被契丹抓获。从此后晋朝廷和前线军队消息互不相通。

当时负责皇宫宿卫的士兵都在前线军队中，朝廷内人心惶惶，不知道如何是好。桑维翰认为国家的存亡已经危在旦夕，请求朝见皇帝，上报情况。后晋出帝正在御苑里玩弄猎鹰，推辞不见。桑维翰又拜见执政大臣进言，执政大臣认为他说的不对。桑维翰退下来后告诉亲信说：『晋氏宗庙祖先再享受不到祭品了。』

（十二月）壬戌，诏以归德节度使高行周为北面都部署，以彦卿副之，共戍澶州；以西京留守景延广戍河阳，且张形势。奉国都指挥使王清言于杜威曰：『今大军去恒州五里，守此何为？营孤食尽，势将自溃。请以步卒二千为前锋，夺桥开道，公帅诸军继之，得入恒州，则无忧矣。』威许诺，遣清与宋彦筠俱进。清战甚锐，契丹不能支，势小却；诸将请以大军继之，威不许。彦筠为契丹所败，浮水抵岸得免。清独帅麾下陈于水北力战，互有杀伤，屡请救于威，威竟不遣一骑助之。清谓其众曰：『上将握兵，坐观吾辈困急而不救，此必有异志。吾辈当以死报国耳！』众感其言，莫有退者，至暮，战不息。契丹以新兵继之，清及士众尽死。由是诸军皆夺气。

甲子，契丹遥以兵环晋营，内外断绝，军中食且尽。杜威与李守贞、宋彦筠谋降契丹，威潜遣腹心诣契丹牙帐，邀求重赏。契丹主绐之曰：『赵延寿威望素浅，恐不能帝中国。汝果降者，当以汝为之。』威喜，遂定降计。丙寅，伏甲召诸将，出降表示之，使署名。诸将骇愕，莫敢言者，但唯唯听命。威遣阁门使高勋赍诣契丹，契丹主赐诏慰纳之。是日，威悉命军士出陈于外，军士皆踊跃，以为且战，威亲谕之曰：『今食尽涂穷，当与汝曹共求生计。』因命释甲。军士皆恸哭，声振原野。（契丹主）以威为太傅，李守贞为司徒。

威引契丹主至恒州城下，谕顺国节度使王周以己降之状，周亦出降。戊辰，契丹主入恒州。遣兵袭代州，刺史王晖以城降之。引兵自邢、相而南，杜威将降兵以从。遣张彦泽将二千骑先取大梁，且抚安吏民。张彦泽倍道疾驱，夜渡白马津。

壬申，帝始闻杜威等降；是夕，又闻彦泽至滑州，召李崧、冯玉、李彦韬入禁中计事，欲诏刘知远发兵入援。癸酉，未明，彦泽自封丘门斩关而入，李彦韬帅禁兵五百赴之，不能遏。彦泽顿兵明德门外，城中大扰。

帝于宫中起火，自携剑驱后宫十余人将赴火，为亲军将薛超所持。俄而彦泽自宽仁门传契丹主与太后书慰抚之，且召桑维翰、景延广，帝乃命灭火，悉开宫城门。帝坐苑中，与后妃相聚而泣，召翰林学士范质草降表。傅住儿入宣契丹主命，帝脱黄袍，服素衫，再拜受宣，左右皆掩泣。

高行周、符彦卿皆诣契丹牙帐降。契丹主以阳城之战为彦卿所败，诘之。彦卿曰：『臣当时唯知为晋主竭力，今日死生唯命。』契丹主笑而释之。己卯，延煦、延宝自牙帐还，契丹主赐帝手诏，且遣解里谓帝曰：『孙勿忧，必使汝有啖饭之所。』帝心稍安，上表谢恩。

先是契丹主至相州，即遣兵趣河阳捕景延广。延广苍猝无所逃伏，往见契丹主于封丘。契丹主诘之曰：『致两主失欢，皆汝所为也。「十万横磨剑」安

在？』召乔荣，使相辩证，事凡十条。延广初不服，荣以纸所记语示之，乃服。

译文 十二月壬戌（初六），后晋出帝下诏任命归德节度使高行周为北面都部署，命符彦卿为副官，共同镇守澶州；命西京留守景延广守卫河阳，还摆开阵势准备出战。奉国都指挥使王清向杜威进言道：『现在大军离恒州城只有五里，守在这里干什么？军营孤立，粮食吃完，必将自己溃败。请求率步兵二千为先锋，夺取桥梁，开辟道路，您率领各军紧随其后，能够进入恒州就没有忧虑了。』杜威允许了，派王清和宋彦筠一起前进。王清作战勇猛，契丹不能抵挡，军队稍微引退，诸将请求派大部队紧跟其后追击，杜威不答应。宋彦筠被契丹打败了，自己游回岸边，免于一死。王清独自率麾下兵士在河北岸布阵奋力作战，两军互有伤亡。王清屡次向杜威求救，杜威竟然不派一骑前去支援。王清对士兵们说：『上将手握重兵，却坐观我们在困急当中不来救援，他一定有叛变之意。我们应该以死报国！』大家为他的话所感动，没有一人后退，到了日暮，仍然战斗不息。契丹用新兵相继进攻，王清和一千兵士全部战死，从此诸军士气大泄。

甲子（初八），契丹远远地用兵环绕晋营，断绝它和外界的来往，军中粮食就要吃完了。杜威和李守贞、宋彦筠商量投降契丹，杜威偷偷派心腹到契丹牙帐谒见契丹国主邀功求赏。契丹主骗他说：『赵延寿威望素来浅薄，恐怕不能做中原的皇帝。你果真能投降，就让你当皇帝。』杜威欢喜，于是拟定投降的计划。丙寅（初十），军帐周围埋伏了全副武装的士兵，召集众将领前来，杜威拿出降表来给他们看，让他们署名。诸将震惊害怕，没人敢说话，只是唯唯诺诺地听从指令。杜威派门使高勋带降表送给契丹，契丹主赐下诏书抚慰收纳他们。这一天，杜威命全军士兵到营外列阵，军士们十分踊跃，以为就要打仗。杜威亲自告诉他们：『现在粮食吃光无路可走，我们应一同求取生存的办法。』于是命令全军放下武装。军士们都痛哭流泪，声音在原野上空回荡。契丹国主任命杜威为太傅，李守贞为司徒。

杜威引着契丹主来到恒州城下，告诉顺国节度使王周，自己已经投降契丹的情况，王周也出城归顺契丹。戊辰（十二日），契丹主进入恒州。又派兵袭击代州，刺史王晖开城投降。契丹主率兵从邢、相二州南下，杜威率降兵跟随。契丹主派张彦泽率二千骑兵先去攻取大梁，并且安抚那里的官吏百姓。张彦泽日夜兼程一路飞奔，晚上渡过了白马泽。

壬申（十六日），出帝石重贵这才听说杜威等人已经投降契丹；这天晚上，又听说张彦泽到了滑州，连忙召集李崧、冯玉、李彦韬到宫内商量大事，想下诏命刘知远发兵救援。癸酉（十七日），天还没亮，张彦泽已从封丘门破关冲入城中，李彦韬率领禁军五百名前往迎敌，不能阻止。张彦泽屯兵在明德门外，城中的人十分恐慌。

出帝在宫中放火，自己拿着剑赶着后宫十几人准备自焚，被亲军将领薛超抓住。一会儿，张彦泽从宽仁门外传进契丹国主给太后的书信以示抚慰，并召桑维翰、景延广前来。后晋出帝于是命令灭火，打开所有的宫门。后晋出帝坐在御苑中和后妃们相聚哭泣，召翰林学士范质草拟降表。傅住儿入宫内宣示契丹主的命令，出帝脱下皇帝的黄袍，穿上素色的衣服，再次拜倒接受契丹国主的宣示，左右侍从官员掩面而泣。

高行周、符彦卿都前往契丹牙帐谒见请降。契丹主因为在阳城之战中被符彦卿打败，责问他。彦卿说：『臣当时只知为晋主竭尽全力，今日生死听你决定。』契丹主一笑而释放了他。己卯（二十三日），石延煦、石延宝从牙帐回，契丹主赐给出帝手诏，并派解里前去对出帝说：『孙儿别担心，做爷爷的一定会让你有地方吃饭的。』出帝内心稍安，上表感谢契丹国主的恩典。

之前契丹主到了相州，立刻派兵前往河阳搜捕景延广。景延广仓促之间无处藏匿，就到封丘去见契丹主。契丹主责问他道：『导致两主不和，全是你所干的事！你所说的「十万横磨剑」在哪里？』召来乔荣，让他们互相申辩对证，共十件事。景延广最初不服，等到乔荣把纸上所记载的他所说的话出示给他看，他才信服。

点评 赵延寿父子以是陷契丹。杜威之才智未足以企延寿，其堕契丹之计，无足怪者。覆辙相寻，岂天意邪！契丹主非特戏杜威、赵延寿也，亦以愚晋军。波其心知军之不诚服也，驾言将以华人为中国主，是二人者必居一于此。晋人谓丧君有君，皆华人也，夫是以不生心，其计巧矣。然契丹主巧于愚弄，而入汴之后，大不能制河东，小不能制群盗，岂非挟数用术者有时而穷乎！（胡三省）

第十五章

后汉纪

刘知远称帝

天福十二年，春，正月，丁亥朔，百官遥辞晋主于城北，乃易素服纱帽，迎契丹主，伏路侧请罪。契丹主貂帽、貂裘，衷甲，驻马高阜，命起，改服，抚慰之。左卫上将军安叔千独出班胡语，契丹主曰：『汝安没字[1]邪？汝昔镇邢州，已累表输诚，我不忘也。』叔千拜谢呼跃而退。

晋主与太后已下迎于封丘门外，契丹主辞不见。

契丹主入门，民皆惊呼而走。契丹主登城楼，遣通事谕之曰：『我亦人也，汝曹勿惧！会当使汝曹苏息[2]。我无心南来，汉兵引我至此耳。』至明德门，下马拜而后入宫。以其枢密副使刘密权开封尹事。日暮，契丹主复出，屯于赤冈。

（戊子）高勋诉张彦泽杀其家人于契丹主，契丹主亦怒彦泽剽掠京城，并傅住儿锁之。以彦泽之罪宣示百官，问：『应死否？』皆言『应死』。百姓亦投牒争疏彦泽罪。己丑，斩彦泽、住儿于北市，仍命高勋监刑。彦泽前所杀士大夫子孙，皆绖杖号哭，随而诟詈，以杖扑[3]之。

契丹送景延广归其国，庚寅，宿陈桥，夜，伺守者稍怠，扼吭而死。

辛卯，契丹以晋主为负义侯，置于黄龙府。癸巳，契丹迁晋主及其家人于封禅寺，遣大同节度使兼侍中河内崔廷勋以兵守之。契丹主数遣使存问，晋主每闻使至，举家忧恐。时雨雪连旬，外无供亿，上下冻馁。太后使人谓寺僧曰：『吾尝于此饭僧数万，今日独无一人相念邪？』僧辞以『虏意难测，不敢献食』。晋主阴祈守者，乃稍得食。

是日，契丹主自赤冈引兵入宫，都城诸门及宫禁门，皆以契丹守卫，昼夜不释兵仗。磔犬于门，以竿悬羊皮于庭为厌胜。契丹主谓群臣曰：『自今不修甲兵，不市战马，轻赋省役，天下太平矣。』废东京，降开封府为汴州，尹为防御使。乙未，契丹主改服中国衣冠，百官起居皆如旧制。

癸卯，晋主与李太后、安太妃、冯后及弟睿、子延煦、延宝俱北迁，后宫左右从者百余人。契丹遣三百骑援送之；又遣晋中书令赵莹、枢密使冯玉、马军都指挥使李彦韬与之俱。晋主在途，供馈不继，或时与太后俱绝食，旧臣无敢进谒者。独磁州刺史李谷迎谒于路，相对泣下。谷曰：『臣无状，负陛下。』因倾

赀以献。晋主至中度桥，见杜威寨，叹曰：『天乎！我家何负，为此贼所破！』恸哭而去。

注释 ①安没字：安叔千的外号，因为他为人粗鄙、不懂文字得来的绰号。②苏息：气绝之后复活苏醒。③扑：击打。

译文 后汉高祖天福十二年（九四七年），春季，正月，丁亥朔（初一），后晋的朝廷官员们在大梁城北远远地向晋出帝石重贵告别，然后换上白色衣服和纱帽迎接契丹国主，大家都跪倒趴在道路两旁请罪。契丹主头戴貂帽，身披貂裘，内裹铁甲，立马于高岗之上，命令归降的百官起立，改换服装，安抚勉慰百官。左卫上将军安叔千一人从百官的行列中站出来，向契丹主耶律德光说了一番胡语。耶律德光说：『你就是「安没字」吗？从前你守卫邢州时就多次对我表达了你的诚意，我没有忘记！』安叔千高兴地下拜感谢，然后退下。

后晋出帝石重贵和太后已经赶到封丘门外迎接契丹主，耶律德光找借口不见。

契丹主刚刚进入大梁城门的时候，大梁民众都惊叫着逃跑。契丹主登上城楼，命翻译告诉百姓们：『我也是人，你们不要害怕！我要让你们休养生息。我无心南来，是汉兵引我来到这儿的。』来到明德门，契丹主下马叩拜，然后入宫。命令他的枢密副使刘密为代理开封尹。傍晚，契丹主重新退出大梁城，在赤冈驻兵。

戊子（初二），高勋向契丹主投诉张彦泽杀了他的家人，契丹主也恨张彦泽抢掠京城，命人把他和傅住儿一起关押起来。契丹主把张彦泽的罪行向百官宣布，并问：『张彦泽应不应该处死？』百官都说：『应该处死。』全城百姓也争先恐后递上状牒上书张彦泽的罪行。己丑（初三），命将张彦泽、傅住儿押往北市斩首，并命高勋监斩。张彦泽之前所杀的士大夫的子孙们，都挟带着丧杖号哭不已，随后斥骂张彦泽，用丧杖扑打他的尸体。

契丹押送景延广回契丹国，庚寅（初四），晚上住在陈桥，他趁着看守稍微松懈的时候自己掐脖子自杀了。

辛卯（初五），契丹封晋主为负义侯，把他软禁在黄龙府。派大同节度使兼侍中河内人崔廷勋领兵看守。契丹主多次派使者前去探望问候，后晋出帝每听说使者到，全家都惊恐担忧。当时雨夹雪下了十几天，寺外断绝了供给，全家老小又冷又饿。李太后派人对寺内的和尚说：『我曾在这里供给数万和尚的斋饭，现在难道就没有一个人记着我吗？』僧拒绝说：『胡虏的心意难以揣测，我们不敢向你进献食物。』晋主石重贵偷偷哀求看守人员才得到一点点吃的。

当天，契丹主耶律德光从赤冈带兵进入皇宫，都城的各门和宫中的禁门，都换成契丹人守卫，从早到晚一刻不放下兵器。并且在大门前杀狗，在庭院中竖起长竿挂上羊皮作为诅咒。契丹主对群臣说：『从今以后，不整治兵器，不购置战马，减轻赋税，少征徭役，天下太平了！』废除东京建制，降开封府为汴州，原府尹为防御使。乙未（初九），契丹主耶律德光改穿汉人的衣冠，朝廷百官起居都参考之前的规格制度。

癸卯（十七日），晋主石重贵和李太后、安太妃、冯后还有弟弟石重睿、儿子石延煦、石延宝都被迫向北迁徙，跟随而来的后宫侍从有一百多人。契丹派三百骑兵一路护送；又派遣原晋朝中书令赵莹、枢密使冯玉、马军都指挥使李彦韬一起北上。后晋出帝在路上，食物供给接不上，有时和太后一同断食，而那些旧日的臣下竟没人敢前来迎接进见的，只有磁州刺史李谷在路旁边迎接拜谒。君臣相对泣下。李谷说：『为臣无能，有负于陛下。』于是把自己所有的资财献上。石重贵在中度桥看到杜威的兵寨，叹气说：『天啊！我家做了什么坏事被这个逆贼破败了！』大哭着离开。

点评 于晋之时，通国上下皆知杜威之不可用，乃违众用之以致亡国。《诗》云：『啜其泣矣，何嗟及矣。』今至于恸，庸有及乎！（胡三省）

契丹主广受四方贡献，大纵酒作乐，每谓晋臣曰：『中国事，我皆知之，吾国事，汝曹不知也。』赵延寿请给上国兵廪食，契丹主曰：『吾国无此法。』乃纵胡骑四出，以牧马为名，分番剽掠，谓之『打草谷』①。丁壮毙于锋刃，老弱委于沟壑，自东、西两畿及郑、滑、曹、濮，数百里间，财畜殆尽。

契丹主谓判三司刘昫曰：『契丹兵三十万，既平晋国，应有优赐，速宜营办。』时府库空竭，昫不知所出，请括借都城士民钱帛，自将相以下皆不免。又分遣使者数十人诣诸州括借，皆迫以严诛，人不聊生。其实无所颁给，皆蓄之内库，欲辇归其国。于是内外怨愤，始患苦契丹，皆思逐之矣。

初，晋主与河东节度使、中书令、北平王刘知远相猜忌，虽以为北面行营都统，徒尊以虚名，而诸军进

止，实不得预闻。知远因之广募士卒。阳城之战，诸军散卒归之者数千人，又得吐谷浑财畜，由是河东富强冠诸镇，步骑至五万人。

晋主与契丹结怨，知远知其必危，而未尝论谏。契丹屡深入，知远初无邀遮、入援之志。及闻契丹入汴，知远分兵守四境以防侵轶。遣客将安阳②王峻奉三表诣契丹主：一、贺入汴；二、以太原夷、夏杂居，戍兵所聚，未敢离镇；三、以应有贡物，值契丹将刘九一军自土门西入屯于南川，城中忧惧，俟召还此军，道路始通，可以入贡。契丹主赐诏褒美，及进画，亲加『儿』字于知远姓名之上，仍赐以木拐。胡法，优礼大臣则赐之，如汉赐几杖之比，唯伟王以叔父之尊得之。

知远又遣北都副留守太原白文珂入献奇缯名马，契丹主知知远观望不至，及文珂还，使谓知远曰：『汝不事南朝，又不事北朝，意欲何所俟邪？』蕃汉孔目官郭威言于知远曰：『虏恨我深矣！王峻言契丹贪残失人心，必不能久有中国。』或劝知远举兵进取。知远曰：『用兵有缓有急，当随时制宜。今契丹新降晋兵十万，虎据京邑，未有他变，岂可轻动哉？且观其所利止于货财，货财既足，必将北去。况冰雪已消，势难久留，宜待其去，然后取之，可以万全。』

注释 ①东、西两畿：东都大梁和西都洛阳的属县。

②安阳：相州，安阳县。故址在今河南安阳东南。

译文 契丹主耶律德光广泛接受来自全国各地的进献，大肆放纵饮酒享乐。常对晋朝的大臣说：『中原的事情我都知道，而我国家的事情，你们都不知道。』赵延寿请求供给北国军队的粮饷，契丹主说：『我国没有这个法。』于是就四处放出胡骑兵，以放马为名，四处抢掠，称为『打草谷』。年轻体壮的百姓死在了战场，老弱病残填满沟壑，从大梁和洛阳两都的属地到郑、滑、曹、濮数百里之间，财物牲畜被抢掠得所剩无几。

契丹主谓判三司刘昫说：『契丹的将士有三十万这么多，扫平了晋国后应得到优厚的赏赐，应该速操办这件事。』当时官府仓库里已经空竭，刘昫不知从何处而出，于是就向都城的士人百姓借钱，自将相以下都免不了。又分别派遣几十名使者到各州中借款，都用严刑相威胁，民不聊生。其实钱本不颁发给契丹士兵，都聚积到皇宫内库里，打算装车运往本国。于是都城内外都十分怨愤，将契丹视作痛苦的源泉，都想驱逐他们。

晋主石重贵和河东节度使、中书令、北平王刘知远相互猜忌，虽然任命刘知远做了北面行营都统，不过是空有尊贵的虚名而已，诸军的行动，他其实无法干预知晓。刘知远因此大量招募士兵。阳城一战，各军的散兵游士归附于他的有几千人，又得到吐谷浑的财产牲畜，于是各藩镇中河东最为富强，步兵、骑兵多达五万人。后晋出帝和契丹结下怨隙，刘知远判断他必然凶多吉少，但从未加以劝谏。契丹屡次深入进犯，刘知远全然没有拦击、入援的打算。等到契丹进入汴梁的消息传来，刘知远这才分兵把守四境防止契丹侵犯。又派遣客将安阳人王峻向契丹主奉上三道表章：一是祝贺契丹进入大梁；二是因太原是夷、夏人杂居共处之处，守防士卒屯聚，所以不敢离镇前往朝贺；三是本应献上贡品，但正值契丹将领刘九一的军队从土门西入屯于南川，太原城中人心忧虑恐惧，待召还此军，道路畅通，才可以送入贡品。契丹主见表章后赐予诏书，称赞表彰，待亲自审批诏书时，又在刘知远的姓名上加上『儿』字，以示亲近，并赐给木拐。胡人的传统是：礼遇大臣就赏赐木拐，犹如汉朝赏赐几杖一样，只有伟王因为叔父的尊贵身份得到过。

刘知远又派北都副留守太原白文珂进入大梁向契丹主进献珍稀的丝织品和名马，契丹主耶律德光知道知远心存观望所以不来，等到白文珂返回太原，他遣使对刘知远说：『你既不能侍奉南朝，又不能侍奉北朝，你准备干什么呢？』蕃汉孔目官郭威对刘知远说：『胡虏对我们怨恨很深呵！王峻说契丹贪婪残暴失掉人心，一定不能长久占据中原。』有人劝刘知远起兵进攻。刘知远说：『用兵有缓有急，应当因时采取合适的策略。现在契丹刚刚招降了晋国的十万兵马，像老虎一样雄踞着都城，形势没有其他的变化，怎能轻举妄动呢？而且看他们想要得到的不过是财物宝货，财货充足后一定会北归。而且冰雪已经消融，气候转暖，他们势必不能长久逗留，应该等到他们离开的时候然后攻取，这样做绝对安全。』

点评 契丹主自谓周防之密以夸晋臣。然东丹之来，已胎兀欲夺国之祸，虽甚愚者知之，而契丹主不知也。善觇国者，不观一时之强弱而观其治乱之大致。（胡三省）

契丹主召晋百官悉集于庭，问曰：『吾国广大，方数万里，有君长二十七人。今中国之俗异于吾国，

资治通鉴

◎后汉纪·刘知远称帝

吾欲择一人君之，如何？』皆曰：『天无二日。夷、夏之心，皆愿推戴皇帝。』如是者再。契丹主乃曰：『汝曹既欲君我，今兹所行，何事为先？』对曰：『王者初有天下，应大赦。』二月，丁巳朔，契丹主服通天冠、绛纱袍，登正殿，设乐悬、仪卫于庭。百官朝贺，华人皆法服，胡人仍胡服，立于文武班中间。下制称大辽会同十年，大赦。

赵延寿以契丹主负约，心怏怏，令李崧言于契丹主曰：『汉天子所不敢望，乞为皇太子。』崧不得已为言之。契丹主曰：『我于燕王，虽割吾肉，有用于燕王，吾无所爱。然吾闻皇太子当以天子儿为之，岂燕王所可为也！』因令为燕王迁官。时契丹以恒州为中京，翰林承旨张砺奏拟燕王中京留守、大丞相、录尚书事、都督中外诸军事，枢密使如故。契丹主取笔涂去『录尚书事都督中外诸军事』而行之。

刘知远闻何重建降蜀，叹曰：『戎狄凭陵，中原无主，今藩镇外附，吾为方伯①，良可愧也！』于是将佐劝知远称尊号，以号令四方，观诸侯去就。知远不许。闻晋主北迁，声言欲出兵井陉，迎归晋阳。丁卯，命武节都指挥使荥泽史弘肇集诸军于球场，告以出军之期。军士皆曰：『今契丹陷京城，执天子，天下无主。主天下者，非我王而谁！宜先正位号，然后出师。』争呼万岁不已。知远曰：『虏势尚强，吾军威未振，当且建功业。士卒何知！』命左右遏止之。

己巳，行军司马潞城张彦威等三上笺劝进，知远疑未决。郭威与都押牙冠氏杨邠入说知远曰：『今远近之心，不谋而同，此天意也。王不乘此际取之，谦让不居，恐人心且移，移则反受其咎矣。』知远从之。辛未，刘知远即皇帝位。自言未忍改晋，又恶开运之名，乃更称天福十二年。

注释 ①方伯：古代诸侯中的领袖之称，谓一方之长。

译文 契丹主耶律德光召见晋朝文武百官，悉数聚集在庭院中，问他们说：『我契丹国土广大，方圆数万里，有二十七个君主。现在中国的风俗和我国不同，我想要挑选一个人作为你们的君主，怎么样？』百官都说：『天上没有两个太阳。无论夷族、华夏的人心，都愿拥戴您为皇帝。』这样劝进两次。契丹主于是说：『你们既然愿意让我做皇帝，那么现在要办的事，第一项是什么？』百官答道：『皇帝刚刚得到天下，应该大赦罪人。』二月，丁巳朔（初一），契丹主头戴通天冠，身披绛纱袍，在皇宫正殿登极，庭下设置了大典乐器和仪仗卫队。百官都穿上隆重礼服上朝恭贺，胡人仍穿着胡服，站在文武官员的班次之间。契丹国主下诏称大辽会同十年，大赦天下。

赵延寿因为契丹主违背了当初的约定，心中闷闷不乐，让李崧转告契丹主说：『我不敢奢望做汉人的天子，求您封我为皇太子。』李崧不得已，把这话转告给契丹主。契丹主说：『我对燕王，即使是割我身上的肉，只要于燕王有用，也在所不惜。但是我听说皇太子应当是天子的儿子才能当，哪能是燕王所能做的！』于是命令给燕王晋升官职。当时契丹将恒州设为中京，翰林承旨张砺上奏请封燕王为中京留守、大丞相、录尚书事、都督中外诸军事，并照旧任枢密使。契丹主用笔涂掉『录尚书事都督中外诸军事』几个字，然后让执行这条命令。

刘知远听说何重建投降了蜀国，叹气说：『戎狄四处侵凌进犯，中原没有统一的君主，现在藩镇投靠外地，我作为一方之长官，实在有愧啊！』于是他手下的将佐劝刘知远称皇帝尊号，以便号令四方，看各处诸侯的去向。刘知远不同意。听说后晋出帝北上迁徙，刘知远放出风声要出兵井陉，迎接后晋出帝回晋阳城。丁卯（十一日），命令武节都指挥使荥泽人史弘肇集合各军到场，公布了出兵的日期。军士们都说：『现在契丹攻陷京城，抓走天子，天下已没有君主了。能够做天下君主的，除了我们北平王还有谁！应该先确定皇帝名号，然后再出兵。』于是争着呼喊『万岁』不止。知远说：『契丹的势力还很强，我军军威未振，应当先建功立业，小小的士兵懂什么呢。』命左右制止士兵呼喊。

己巳（十三日），行军司马潞城张彦威等人接连三次上表劝刘知远登基称帝，知远犹豫不决。郭威和都押牙冠氏人杨邠入内劝说刘知远道：『现在远近的人心，不谋而合，这是天意啊！如果您不趁这个时候

◎后汉纪·刘知远称帝

取天下，而谦让不就，只怕人心就要转移，而转移了您就要反受其害了。』刘知远听从了他们的劝进。辛未（十五日），刘知远即位称帝，建立后汉。自己说不忍心更改晋朝的年号，又讨厌开运这个名字，于是改成天福十二年。

郭威建后周

帝自即位以来，枢密使、右仆射、同平章事杨邠总机政，枢密使兼侍中郭威主征伐，归德节度使、侍卫亲军都指挥使兼中书令史弘肇典宿卫，三司使、同平章事王章掌财赋。邠颇公忠，退朝，门无私谒，虽不却四方馈遗，有余辄献之。弘肇督察京城，道不拾遗。是时承契丹荡覆之余，公私困竭，章捃摭遗利，吝于出纳，以实府库。属三叛①连衡，宿兵累年而供馈不乏；及事平，赐予之外，尚有余积，以是国家粗安。

章聚敛刻急。旧制，田税每斛更输二升，谓之『雀鼠耗』，章始令更输二斗，谓之『省耗』；旧钱出入皆以八十为陌，章始令入者八十，出者七十七，谓之『省陌』；有犯盐、矾、酒曲之禁者，锱铢涓滴，罪皆死；由是百姓愁怨。章尤不喜文臣，尝曰：『此辈授之握算，不知纵横，何益于用！』俸禄皆以不堪资军者给之，吏已高其估②，章更增之。

（乾祐三年）帝初除三年丧，听乐，赐伶人锦袍、玉带。伶人诣弘肇谢，弘肇怒曰：『士卒守边苦战，犹未有以赐之，汝曹何功而得此？』皆夺以还官。

帝欲立所幸耿夫人为后，邠以为太速；夫人卒，帝欲以后礼葬之，邠复以为不可。帝年益壮，厌为大臣所制。邠、弘肇尝议事于帝前，帝曰：『审图之，勿令人有言！』邠曰：『陛下但禁声③，有臣等在。』帝积不能平，左右因乘间谮之于帝云：『邠等专恣，终当为乱。』帝信之。尝夜闻作坊锻声，疑有急兵，达旦不寐。司空、同平章事苏逢吉既与弘肇有隙，知李业等怨弘肇，屡以言激之。帝遂与业、文进、匡赞、允明谋诛邠等，议既定，入白太后，太后曰：『兹事何可轻发？更宜与宰相议之。』业时在旁，曰：『先帝尝言，朝廷大事不可谋及书生，懦怯误人。』太后复以为言，帝忿曰：『国家之事，非闺门所知！』拂衣而出。（十一月）乙亥，业等以其谋告阎晋卿，晋卿恐事不成，诣弘肇第欲告之，弘肇以他故辞不见。

丙子旦，邠等入朝，有甲士数十自广政殿出，杀邠、弘肇、章于东庑下。文进亟召宰相、朝臣班于崇元殿，宣云：『邠等谋反，已伏诛，与卿等同庆。』又召诸军将校至万岁殿庭，帝亲谕之，且曰：『邠等以稚子视朕，朕今始得为汝主，汝辈免横忧矣！』皆拜谢而退。又召前节度使、刺史等升殿谕之，分遣使

者帅骑收捕邠等亲戚、党与、傔从，尽杀之。

注释 ①三叛：指李守贞、王景崇、赵思绾三位藩镇叛将。②估：估价。③禁声：闭口不说话。

译文 后汉隐帝自从登基以来，枢密使、右仆射、同平章事杨邠总管行政事务，枢密使兼侍中郭威主管征伐，归德节度使、侍卫亲军都指挥使兼中书令史弘肇掌管宫中宿卫，三司使、同平章事王章掌管财赋。杨邠十分秉公忠心，退朝回家，门下没有私人拜会，虽然不拒绝四方的馈赠，但有多余的就进献皇上。史弘肇负责京城治安，路上丢了东西没有人捡。这时正好紧承契丹大乱中原之后，官府、百姓的财力困难拮据。王章搜集点滴余利，节约开支，以此充实国库，虽然接连有李守贞、王景崇、赵思绾三个藩镇叛将相互勾结，军队驻扎在外多年而物资供应毫不匮乏。等到平定叛乱，三军赏赐完毕还有剩余，因此国家稍微安定。

王章通过苛捐杂税聚敛财富十分苛刻急切。以前国家规定，田税每斛要向朝廷交税二升，谓之『雀鼠耗』，王章开始下令交二斗，叫作『省耗』；以前钱币的付出、收入都以八十文为『陌』，王章开始下令收入以八十文，付出的以七十七文为『陌』，称作『省陌』；有违反盐、矾、酒曲禁令的，即使只有一两一钱、一点一滴，也都定为死罪；百姓因此忧愁怨恨。王章特别不喜欢文官，曾经说：『这帮人交给他一把筹码，也不知道如何摆弄，有什么用处！』官吏俸禄都不能用来资助军事，朝廷官吏已经高估了其价值，王章又更增加。

后汉隐帝乾祐三年（九五零年），隐帝刚刚取消了三年丧礼，就听音乐，赏赐伶人锦袍和玉带等物。优伶到史弘肇处告谢，史弘肇大怒道：『将士守卫边疆殊死苦战尚且没有赏赐这些，你们这等人有什么功劳得到锦袍、玉带？』随即全部没收还归官府。后汉隐帝想立所宠爱的耿夫人为皇后，杨邠认为太快；耿夫人去世，隐帝想用皇后之礼安葬，杨邠又认为不可。后汉隐帝年龄渐渐增大，讨厌被大臣所制约。杨邠、史弘肇曾在隐帝面前议论政事，隐帝说：『仔细考虑，不要让人有闲话！』杨邠说：『陛下只管闭口不出声，有我们在。』隐帝的积怨久不能平，左右宠臣就乘机向隐帝进谗言说：『杨邠等人专横跋扈肆无忌惮，最终定当犯上作乱。』隐帝听信了这话。他曾经在晚上听到作坊里有锻铁的声音，怀疑有人在匆忙赶制兵器，因而一宿没睡。司空、同平章事苏逢吉已与史弘肇有了隔阂，知道李业等人怨恨史弘肇，就多次用言语刺激他们。隐帝于是和李业、聂文进、后匡赞、郭允明谋划诛杀杨邠等人，商议已定，入内禀告太后。太后说：『这事怎么可轻举妄动？应该再同宰相商议。』李业当时在旁边，说：『先帝曾经说过，朝廷大事不可同书生谋划，书生胆小怕事会误事害人。』太后又重复她刚才所说的话，隐帝于是生气地说：『国家大事，不是闺门女人所能知晓的！』拂袖而出。乙亥（十二日），李业等人把他的计划告诉阎晋卿，晋卿担心事不成功，便前往史弘肇府第想告诉他，史弘肇借口有其他事情推辞不见。

丙子（十三日）早晨，杨邠等上朝，有几十名全副武装的武士从广政殿出来，在东西廊屋下杀死杨邠、史弘肇王章。聂文进立刻召集宰相、朝臣在崇元殿按朝班排列，邡宣旨说：『杨邠等人谋划造反，已经伏罪处决，与诸位共同庆贺。』又召集各军将校到万岁殿庭中，隐帝亲自向他们宣布了这事，并且说：『杨邠等人把朕当作小孩子来看待，朕今日开始作为你们的君主，你们从此免除权臣专横的忧患了。』众人全都拜谢退下。隐帝又召见前节度使、刺史等人上殿宣布这件事情，分别派遣使者率骑兵收捕杨邠等人的亲戚、党羽、亲随，全部处死。

点评 使阎晋卿得见史弘肇，则李业等之死，不待郭威之入也。天方授郭威，故史弘肇等先死以除其逼，岂特人事哉！（胡三省）

弘肇待侍卫步军都指挥使王殷尤厚，邠等死，帝遣供奉官孟业赍密诏诣澶州及邺都，令镇宁节度使李洪义杀殷，又令邺都行营马军都指挥使郭崇威、步军都指挥使真定曹威杀郭威及监军、宣徽使王峻。

（十一月）丁丑，使者至澶州，李洪义畏懦，虑王殷已知其事，不敢发，乃引孟业见殷；殷囚业，遣副使陈光穗以密诏示郭威。威召枢密吏魏仁浦，示以诏书曰：『奈何？』仁浦曰：『公，国之大臣，功名素著，加之握强兵，据重镇，一旦为群小所构，祸出非意，此非辞说之所能解①。时事如此，不可坐而待之。』郭威乃留其养子荣镇邺都，命郭崇威将骑兵前驱，戊寅，自将大军继之。

帝闻郭威举兵南向，乃遣益及阎晋卿、吴虔裕、前保大节度使张彦超将禁军趣澶州。是日（己卯），郭威已至澶州，李洪义纳之。庚辰，郭威趣滑州。辛巳，义成节度使宋延渥迎降。郭威取滑州库物以劳将士，且谕之曰：『闻侯令公②已督诸军自南来，今遇

之，交战则非入朝之义，不战则为其所屠。吾欲全汝曹功名，不若奉行前诏，吾死不恨！』皆曰：『国家负公，公不负国，所以万人争奋，如报私仇，侯益辈何能为乎？』王峻徇于众曰：『我得公处分，俟克京城，听旬日剽掠。』众皆踊跃。

壬午，郭威军至封丘，人情恟惧。慕容彦超恃其骁勇，言于帝曰：『臣视北军犹蠛蠓③耳，当为陛下生致其魁！』帝复遣左神武统军袁嶬、前威胜节度使刘重进等帅禁军与侯益等会屯赤冈。彦超以大军屯七里店。

癸未，南、北军遇于刘子陂。帝欲自出劳军，太后曰：『郭威吾家故旧，非死亡切身，何以至此？但按兵守城，飞诏谕之，观其志趣，必有辞理，则君臣之礼尚全，慎勿轻出。』帝不从。至暮，两军不战，帝还宫。

甲申，帝欲再出，太后力止之，不可。既陈，郭威戒其众曰：『吾来诛群小，非敢敌天子也，慎勿先动。』久之，慕容彦超引轻骑直前奋击，郭崇威与前博州刺史李荣帅骑兵拒之。彦超马倒，几获之。彦超引兵退，麾下死者百余人，于是诸军夺气，稍稍降于北军。侯益、吴虔裕、张彦超、袁嶬、刘重进皆潜往见郭威，威各遣还营，又谓宋延渥曰：『天子方危，公近亲，宜以牙兵往卫乘舆，且附奏陛下，愿乘间早幸臣营。』延渥未至御营，乱兵云扰，不敢进而还。比暮，南军多归于北。慕容彦超与麾下十余骑还兖州。

注释 ①解：排解、化解。②侯令公：指中书令侯益。③蠛蠓：昆虫的一科，比蚊子小，褐色或黑色。雌蠓吸人畜的血，能传染疾病。

译文 史弘肇平时尤其厚待侍卫步军都指挥使王殷，杨邠等人死后，隐帝派供奉官孟业带着密诏前往澶州和邺都，命令镇宁节度使李洪义杀死王殷，又令邺都行营马军都指挥使郭崇威、步军都指挥使真定曹威杀郭威和监军、宣徽使王峻。

十一月丁丑（十四日），使者来到澶州，李洪义畏惧怯懦，考虑到王殷已经知道这件事，不敢发难，便引着孟业来见王殷。王殷囚禁孟业，派遣副使陈光穗把绝密诏书拿给郭威看。郭威召见枢密吏魏仁浦，把诏书拿给他看，说：『怎么办？』魏仁浦说：『您是国家的大臣，功勋名声素来卓著，加上掌握强兵，据守重镇，一旦被小人们所诬陷，灾祸出于不测，这不是用言词所能排解的。事态已经如此，不可坐着等待。』郭威于是留下养子郭荣镇守邺都，命郭崇威率领骑兵为先锋，戊寅（十五日），自己率领大军紧跟其后。

隐帝听到郭威举兵南向的消息，便派侯益和阎晋卿、吴虔裕、前保大节度使张彦超率领禁军赶赴澶州。当天（十六日），郭威已经到达澶州，李洪义迎纳郭威。庚辰（十七日），郭威赶往滑州。辛巳（十八日），义成节度使宋延渥迎接郭威并投降。郭威取出滑州仓库的财物来慰劳将士，并且告诉他们说：『听说侯令公已经督率各军从南面而来，如今遇上他们，交战就违背进京入朝的本意，不战就被他们所屠杀。我想成全你们的功名，不如执行日前诏书，我死了也没有遗恨！』众将士都说：『朝廷辜负了您，您没有辜负朝廷，因此万众奋勇争先，如同各报私仇一样，侯益一伙能有什么作为呢？』王峻对众人宣告：『我得到郭公的安排，等到攻克了京城，让你们肆意劫掠十天。』众人欢呼踊跃。

壬午（十九日），郭威的部队抵达封丘，人情恐惧不安。慕容彦超恃仗自己勇猛，对隐帝说道：『我看北方的军队犹如小虫罢了，必当为陛下活捉他们的魁首！』隐帝又派遣左神武统军袁嶬、前威胜节度使刘重进等率领禁军与侯益会合驻扎在赤冈。慕容彦起把大军驻扎在七里店。

癸未（二十日），郭威军和后汉官军在刘子陂相遇。隐帝准备亲自出去慰劳军队，太后说：『郭威是我家的旧臣，如果不是生死攸关，哪里会到这个地步？只要按兵不动守在城中，飞传诏书告诉他，观察他的志向，必定有解说道理，那君臣大礼就可以保全，千万不要轻易出去。』隐帝不听。直到天黑，两军并未交战，隐帝回到宫中。

甲申（二十一日），隐帝想再次出城督战，太后竭力制止，隐帝不答应。已经摆好军阵，郭威训戒部众说：『我来诛讨这帮小人，不是敢与天子对抗，千万不要首先动手。』过了好久，慕容彦超带领轻骑兵径直前进猛烈攻击，郭崇威与前博州刺史李荣率领骑兵抵抗。慕容彦超坐骑摔倒，差点被抓获。慕容彦超带兵撤退，手下死亡一百多人，于是南面各军丧失士气，逐渐向北方军队投降。侯益、吴虔裕、张彦超、袁嶬、刘重进都暗中前往拜见郭威，郭威逐一遣返他们回营，又对宋延渥说：『天子正处危难，您是天子的亲近，应该带领牙帐卫兵前往保卫天子，并请附带启奏陛下，希望有空早日光临臣下军营。』宋延渥没有来天子所在的御营，乱兵四下侵扰，不敢前进直接退兵。天黑后南面军队有很多人投奔北面军。慕容彦超与麾下的十几个骑兵返回兖州。

点评 许士卒以剽掠之利以济其私，可以得而不可长守

也。

使帝从太后之言，虽不能保其注，犹未至于野死也。（胡三省）

是夕（十一月甲申），帝独与三相及从官数十人宿于七里寨，余皆逃溃。乙酉旦，郭威望见天子旌旗在高阪上，下马免胄往从之，至则帝已去矣。帝策马将还宫，至玄化门，刘铢在门上，问帝左右：『兵马何在？』因射左右。帝回辔，西北至赵村，追兵已至，帝下马入民家，为乱兵所弑。苏逢吉、阎晋卿、郭允明皆自杀。聂文进挺身走，军士追斩之。李业奔陕州，后匡赞奔兖州。郭威闻帝遇弑，号恸曰：『老夫之罪也！』

威至玄化门，刘铢雨射城外①。威自迎春门入，归私第，遣前曹州防御使何福进将兵守明德门。诸军大掠，通夕烟火四发。

军士入前义成节度使白再荣之第，执再荣，尽掠其财，既而进曰：『某等昔尝趋走麾下，一旦无礼至此，何面目复见公？』遂刎其首而去。

吏部侍郎张允，家赀以万计，而性吝，虽妻亦不之委，常自系众钥于衣下，行如环佩。是夕，匿于佛殿藻井之上②，登者浸多，板坏而坠，军士掠其衣，遂以冻卒。

初，作坊使贾延徽有宠于帝，与魏仁浦为邻，欲并仁浦所居以自广，屡谮仁浦于帝，几至不测。至是，有擒延徽以授仁浦者，仁浦谢曰：『因乱而报怨，吾所不为也！』郭威闻之，待仁浦益厚。

右千牛卫大将军枣强赵凤曰：『郭侍中举兵，欲诛君侧之恶以安国家耳。而鼠辈敢尔，乃贼也，岂侍中意邪！』执弓矢，踞胡床，坐于巷首，掠者至，辄射杀之，里中皆赖以全。

丙戌，获刘铢、李洪建，囚之。铢谓其妻曰：『我死，汝且为人婢乎？』妻曰：『以公所为，雅当然耳！』

王殷、郭崇威言于郭威曰：『不止剽掠，今夕止有空城耳。』威乃命诸将分部禁止掠者，不从则斩之。至晡，乃定。

己丑，郭威帅百官表请以赟承大统。太后诰所司，择日，备法驾迎赟即皇帝位，郭威奏遣太师冯道及枢密直学士王度、秘书监赵上交诣徐州奉迎。庚寅，郭威帅百官上言：『比皇帝到阙，动涉浃旬，请太后临朝听政。』壬辰，太后始临朝。镇州、邢州奏：『契丹主将数万骑入寇，攻内丘，五日不克，死伤甚众。有戍兵五百叛应契丹，引契丹入城，屠之，又陷饶阳。』太后敕郭威将大军击之，国事权委窦贞固、苏禹珪、王峻，军事委王殷。

注释 ①雨射：向雨点一样射出弓箭。②藻井：中国传统建筑中室内顶棚的独特装饰部分。一般做成向上隆起的井状，周围饰以各种花纹、雕刻和彩绘。

译文 十一月甲申（二十一日）当晚，帝只和三位宰相（窦贞固、苏逢吉、苏禹珪）和几十名随从官吏住宿七里寨，其他人都逃跑了。乙酉（二十二日）早晨，郭威望见天子的旌旗在高坡上，便下马脱去头盔前往跟随，到达后隐帝已经离去了。隐帝扬鞭赶马准备回宫，到达大梁玄化门，刘铢在城门上，问隐帝周围的人：『兵马在何处？』就向隐帝身边人射箭。隐帝掉转马头，往西北奔逃到达赵村，追兵已经赶到，隐帝下马进入百姓家，被乱兵所杀。苏逢吉、阎晋卿、郭允明都自杀。聂文进挺身逃跑，被军士追上斩杀。李业逃奔陕州，后匡赞逃奔兖州。郭威听到隐帝被弑杀，痛哭说：『是我的罪过啊！』

郭威抵达玄化门，刘铢向城外射箭如雨。郭威从迎春门入城，回到私宅，派遣前曹州防御使何福进领兵把守明德门。各军大肆进行抢劫，通宵烟火四起。

军士进入前义成节度使白再荣的家里，抓住白再荣，洗劫了他的财物，然后上前说：『我们从前曾在您手下奔走，今日无礼到这个地步，还有什么脸面再见您？』便割下他的头离开。

吏部侍郎张允，家财以万计算，但是为人吝啬，总是把全部钥匙藏在自己衣服底下，走起路来叮当作响如同佩带玉环。这天晚上，他躲藏在佛堂顶棚板上，上去的人逐渐增多，顶板损坏而坠落，士兵抢走他的衣服，于是他被冻死。

当初作坊使贾延徽受到隐帝的宠爱，和魏仁浦是邻居，想要吞并仁浦的住宅来扩建自己的，屡次向隐帝说魏仁浦的坏话，几乎酿成杀身之祸。到这个时候，有抓获贾延徽交给魏仁浦的，魏仁浦婉谢说：『乘着动乱报私仇，我不做这种事。』郭威听说后更加厚待他。

右千牛卫大将军枣强赵凤说：『郭侍中举兵是想要清除皇上身边的恶徒来使国家安定。然而底下无名鼠辈竟敢如此胡作非为，已成强盗，哪里是郭侍中的本意呀！』手执弓箭，踞胡床，坐在里中巷口，等到抢劫的人到了就用箭射杀，里中全靠他得以保全。

丙戌，抓获并囚禁刘铢、李洪建。铢对他的妻子

说：『我死后汝要去做人的奴婢吗？』

妻子说：『按您平日的所作所为，确实只该这样！』

王殷、郭崇威向郭威进言说：『不制止抢掠，今晚就只剩一座空城了。』郭威于是命令诸将分别禁止各部兵士抢掠，不听从的就斩杀他。直到申时才平定混乱的形势。

己丑（二十六日），郭威帅领百官上表请太后让刘赟继承皇帝的大统。太后下诰令命相关的部门选择吉日准备法驾迎接刘赟即皇帝位。郭威上奏派遣太师冯道以及枢密直学士王度、秘书监赵上交到徐州侍奉迎接。庚寅（二十七日），郭威率领百官进言：『等皇帝驾到宫中，行程需要十天，请求太后临朝听政。』壬辰（二十九日），太后开始上朝。镇州、邢州奏报：『契丹主率领数万骑兵入侵，攻打内丘，五天没有打下来，死伤很多。有五百守兵叛变策应契丹，领契丹军队入城，屠杀居民，又攻陷饶阳。』太后下令命郭威率军攻打契丹，国家大事暂时委托窦贞固、苏禹珪、王峻处理，军事由王殷负责。

点评 汉主无道，宰相谋止，遂厌之。乃谋杀大臣总机政杨邠、典宿卫史弘肇、掌财赋王章于东首丹墀下。又差供奉承应官孟业捧密诏到澶州地方，及邺都地方，杀王殷、郭威、王峻三人。三人先知凶信，威乃留养子郭荣镇守邺都，自统大军至封丘地面。汉遣慕容彦超等将兵拒战，败还，归大梁。汉主亲出劳赏战士，军众竞所钱物，乱军竟弑汉主。（张居正）

十二月，甲午朔，郭威发大梁。武宁节度使赟留右都押牙巩廷美、元从都教练使杨温守徐州，与冯道等西来，在道仗卫，皆如王者，左右呼万岁。郭威至滑州，留数日，赟遣使慰劳。诸将受命之际，相顾不拜，私相谓曰：『我辈屠陷京城，其罪大矣；若刘氏复立，我辈尚有种乎？』己酉，威闻之，即引兵行，趣澶州。辛亥，遣苏禹珪如宋州迎嗣君。

壬子，郭威渡河，馆于澶州。癸丑旦，将发，将士数千人忽大噪，威命闭门，将士逾垣登屋而入曰：『天子须侍中自为之，将士已与刘氏为仇，不可立也！』或裂黄旗以被威体，共扶抱之，呼万岁震地，因拥威南行。威乃上太后笺，请奉宗庙，事太后为母。戊午，威至七里店，窦贞固帅百官出迎拜谒，因劝进。威营于皋门村。

武宁节度使赟已至宋州，王峻、王殷闻澶州军变，遣侍卫马军都指挥使郭崇威将七百骑往拒之，又遣前申州刺史马铎将兵诣许州巡检。崇威忽至宋州，陈于府门外，赟大惊，阖门登楼诘之。对曰：『澶州军变，郭公虑陛下未察，故遣崇威来宿卫，无他也。』赟召崇威，崇威不敢进。冯道出与崇威语，崇威乃登楼，赟执崇威手而泣。崇威以郭威意安谕之。

少顷，崇威出，时护圣①指挥使张令超帅部兵为赟宿卫，徐州判官董裔说赟曰：『观崇威视瞻举措，必有异谋。道路皆言郭威已为帝，而陛下深入不止，祸其至哉！请急召张令超，谕以祸福，使夜以兵劫崇威，夺其兵。明日，掠睢阳金帛，募士卒，北走晋阳。彼新定京邑，未暇追我，此策之上也！』赟犹豫未决。是夕，崇威密诱令超，令超帅众归之。赟大惧。

郭威遗赟书，云为诸军所迫；召冯道先归，留赵上交、王度奉侍。道辞行，赟曰：『寡人此来所恃者，以公三十年旧相，故无疑耳。今崇威夺吾卫兵，事危矣，公何以为计？』道默然。客将贾贞数目道，欲杀之。赟曰：『汝辈勿草草，此无预冯公事。』崇威迁赟于外馆，杀其腹心董裔、贾贞等数人。

己未，太后诰，废赟为湘阴公。庚申，太后诰，以侍中监国。百官藩镇相继上表劝进。

广顺元年，春，正月，丁卯，汉太后下诰，授监国符宝，即皇帝位。监国自皋门入宫，即位于崇元殿，制曰：『朕周室之裔，虢叔之后，国号宜曰周。』改元，大赦。杨邠、史弘肇、王章等皆赠官，官为敛葬，仍访其子孙叙用之。凡仓场、库务掌纳官吏，无得收斗余②、称耗；旧所进羡余物，悉罢之。犯窃盗及奸者，并依晋天福元年以前刑名，罪人非反逆，无得诛及亲族，籍没家赀。唐庄宗、明宗、晋高祖各置守陵十户，汉高祖陵职员、宫人，时月荐享及问守陵户并如故。帝悉出汉宫中宝玉器数十，碎之于庭，曰：『凡为帝王，安用此物！』仍戒左右，自今珍华悦目之物，无得入宫。

注释 ①护圣：汉侍卫马军。②斗余：旧时官府仓场中的一种额外苛敛。

译文 十二月，甲午朔（初一），郭威从大梁出发。武宁节度使刘赟留右都押牙巩廷美、元从都教练使杨温镇守徐州之后，和冯道等人向西准备即位称帝，道路两旁的仪仗卫队，都和王者规格一样，左右都高呼他万岁。郭威到达滑州，停留数日。刘赟派遣使者慰劳，众将接受犒赏赐命时，相互环顾不下拜，私下又相互说：『我

们攻陷京城，屠杀吏民，那罪行够大了；倘若刘氏再立为国君，我们还会有后代吗？』己酉（十六日），郭威听说后立即引兵前进赶赴澶州。辛亥，派苏禹珪前往宋州迎接嗣君刘赟。

壬子（十九日），郭威渡过黄河后住在澶州驿馆内。癸丑旦（二十日早上），郭威即将出发，数千名将士忽然大声吵闹起来，郭威命人关门，将士们翻墙爬到屋顶进入屋内说：『天子必须由侍中你自己做，将士们已经和刘氏结下了仇，不可以再立刘氏子孙为帝！』有人撕裂黄旗披在郭威身上，共同扶抱起郭威，欢呼万岁，震天动地，趁势簇拥着郭威向南行进。郭威于是向太后上奏笺，请求主持宗庙社稷，事奉太后作为母亲。戊午（二十五日），郭威到达七里店的时候窦贞固带领文武百官出来迎接，趁机劝他登基称帝。郭威在皋门村扎营。

武宁节度使刘赟已经到了宋州，王峻、王殷听到澶州军变的消息，便派侍卫马军都指挥使郭崇威率领骑兵七百人前往宋州拦阻刘赟又派遣前申州刺史马铎带兵到许州巡视。郭崇威却突然到达宋州，在府第门外排队列阵，刘赟大为惊恐，关闭府门登上门楼责问郭崇威。郭崇威回答说：『澶州发生军队哗变，郭公顾虑陛下不知详情，故此派遣崇威前来警卫，没有别的意思。』刘赟召见，郭崇威不敢进去。冯道亲自出来跟郭崇威说话，郭崇威这才登楼，刘赟执崇威手而泣。郭崇威向他转达了郭威的心意来使他安心。

片刻后，郭崇威出来，当时护圣指挥使张令超率领部下士兵担任刘赟的警卫，徐州判官董裔劝说刘赟道：『观察郭崇威的眼色举止，必定有阴谋。路上都传说郭威已经称帝，而陛下还一路深入不停，灾祸将要降临啦！请赶紧召见张令超，说明利害祸福，让他夜里领兵劫持郭崇威，夺取他的兵权。明天，抢掠睢阳府库的金银绢帛，招募士兵，朝北奔赴晋阳。郭威他刚刚在京城安顿，没有时间来追赶我们，这是上策啊！』刘赟犹豫没作决定。这天晚上，郭崇威秘密诱降张令超，张令超率领他的部下归顺。刘赟大为恐惧。

郭威派人送信给刘赟，陈述解释说自己是为众将士逼迫而身不由己，然后令冯道先行回京，留赵上交、王度侍候刘赟。冯道告辞上路，刘赟说：『我这次前来所依靠的，是您这位三十年的老宰相，所以没有顾虑。如今郭崇威夺走我的卫兵，事情危险了，您有什么计策？』冯道默默无语。客将贾贞多次注视冯道，准备杀他。刘赟说：『你们不要草率鲁莽，这不关冯公的事。』郭崇威将刘赟迁到府外的驿馆居住，杀掉董裔、贾贞等几个刘赟的亲信。

己未（二十六日），太后发布号令将刘赟贬为淮阴公。庚申（二十七日），太后发布诰令，任命侍中郭威代理国政。文武官员和各地的藩镇接连送上表章劝郭威即位称帝。

后周太祖广顺元年（九五一年），春季，正月，丁卯（初五），后汉太后下诏，将传国宝玺授给监国郭威。郭威正式登基称帝，是为后周太祖。郭威从皋门进入皇宫，在崇元殿即位，下制书说：『朕是周代宗室的子孙，虢叔的后裔，国号应该叫周。』改年号，实行大赦。杨邠、史弘肇、王章等人都追赠官爵，官府为他们收敛安葬，并且寻访他们的子孙依次任用。所有粮食仓库、场院掌管交纳的官吏，不得收取额外的『斗余』『称耗』。从前以赋税盈余名义进贡物品，全部取消。犯有盗窃罪和强奸罪的，一律按照后晋天福元年以前的刑法条文处理；罪人不犯谋反罪的，不得株连亲戚家族和登记没收家产。后唐庄宗、后唐明宗、后晋高祖安葬处分别设置守陵的人家十户，后汉高祖陵园的官吏、宫人，一年四季供奉祭祀以及守陵户数一律照旧。郭威还将后汉宫里的几十件珠宝玉器悉数清理出来，放在厅堂之中公然砸碎，说：『凡是帝王，哪用得着这些东西。』还告诫左右侍从官员：『从今以后珍贵华美赏心悦目的东西，都不得进献入宫。』

后周纪

乱世明主周世宗

（显德二年五月）敕天下寺院，非敕额①者悉废之。禁私度僧尼，凡欲出家者必俟祖父母、父母、伯叔之命。唯两京、大名府、京兆府、青州听设戒坛。禁僧俗舍身、断手足、炼指②、挂灯、带钳之类幻惑流俗者。令两京及诸州每岁造僧帐，有死亡、归俗，皆随时开落。是岁，天下寺院存者二千六百九十四，废者三万三百三十六，见僧四万二千四百四十四，尼一万八千七百五十六。

帝以县官久不铸钱，而民间多销钱为器皿及佛像，钱益少，九月，丙寅朔，敕始立监采铜铸钱，自非县官法物、军器及寺观钟磬钹铎之类听留外，自余民间铜器、佛像，五十日内悉令输官，给其直；过期隐匿不输，五斤以上其罪死，不及者论刑有差。上谓侍臣曰：『卿辈勿以毁佛为疑。夫佛以善道化人，苟志于善，斯奉佛矣。彼铜像岂所谓佛邪？且吾闻佛在利人，虽头目犹舍以布施，若朕身可以济民，亦非所惜也。』

（闰月）甲子，上与将相食于万岁殿，因言：『两日大寒，朕于宫中食珍膳，深愧无功于民而坐享天禄，既不能躬耕而食，唯当亲冒矢石为民除害，差可自安耳！』

（十一月）丁未，上与侍臣论刑赏，上曰：『朕必不因怒刑人，因喜赏人。』先是，大梁城中民侵街衢为舍，通大车者盖寡，上命悉直而广之，广者至三十步；又迁坟墓于标外。上曰：『近广京城，于存殁扰动诚多，怨谤之语，朕自当之，他日终为人利。』

注释 ①敕额：皇帝赐给寺院匾额。②炼指：束香于指，以火烧灼。为僧徒修炼苦行之一。

译文 显德二年（九五五年）五月，后周世宗柴荣下诏命令天下所有没有经过朝廷敕赐匾额的寺院一律废除，禁止私下剃发出家当和尚、尼姑，凡是打算出家的人必须得到祖父母、父母亲、伯伯叔叔的同意，只有东京、西京、大名府、京兆府、青州准许设立受戒的佛坛。禁止僧侣舍身自杀、斩断手足、在手指上燃香、裸体挂钩点灯、身带铁钳之类惑乱破坏社会风俗的行为。命令东京、西京以及各州每年编制僧侣名册，如有死亡、返俗，都随时注销。这年，天下保存了两千六百九十四座寺院，废除了三万三百三十六座，有僧人四万二千四百四十四人，

尼姑一万八千七百五十六人。

由于朝廷长期没铸铜钱，民间不少人把钱币熔铸成器皿和佛像，导致铜钱日渐减少。因此后周世宗下令开设专门的机构负责采铜铸币，除了朝廷的礼器、兵器以及寺庙道观的钟磬、钹镲、铃铎之类准许保留外，其余民间的铜器、佛像，五十天内全部让送交官府，付给等值的钱。超过期限隐藏不交，重量在五斤以上的判死罪，不到五斤的判处不同的罪。世宗对侍从大臣说：『你们不要为毁佛而疑虑。佛用善道来教化人，假如立志行善，这就是信佛了。这些铜像难道就是所谓的佛吗？而且我听说佛的宗旨是要有利于人民，即使是脑袋眼睛都可以割舍用来布施。如果我的身体可以用来帮助百姓，也没什么可以吝惜的。』

闰九月甲子（二十九日），后周世宗和将相们在万岁殿一起用餐，趁机说：『这两天天气大寒，朕在宫中吃珍馐佳肴，对百姓没有任何功劳，却坐享上天赐予的福禄，我深深感到愧疚。既然我不能亲自耕种自食其力，只有亲自冒着箭矢炮石为民除害，这样做勉强可以让我安心。』

十一月丁未（十三日）后周世宗和侍臣谈论刑和赏的问题，说：『朕一定不会因为生气而处罚人，因喜欢而赏赐人。』之前，大梁城中居民占用街道来修建房舍，能够通大车的道路非常少，世宗下令将道路修直拓宽，最宽的达到三十步；又把坟墓迁移至标记之外。世宗说：『近期我拓宽京城，对于活着的和死了的人造成了很大的骚扰，有什么怨恨诽谤的话，朕自己一个人承担，他日这件事一定会方便百姓的。』

点评 如周世宗，可以称得上仁爱了，不吝惜自身而爱护百姓；像周世宗，可以称得上英明了，不为无益的东西来废弃有益的东西。（司马光）

世宗志识宏远，不顾人言，然仁人不忍为也。（胡三省）

（显德六年）二月，丙子朔，命王朴如河阴按行河堤，立斗门于汴口。壬午，命侍卫都指挥使韩通、宣徽南院使吴延祚，发徐、宿、宋、单等州丁夫数万浚汴水。甲申，命马军都指挥使韩令坤自大梁城东导汴水入于蔡水，以通陈、颍之漕，命步军都指挥使袁彦浚五丈渠东过曹、济、梁山泊，以通青、郓之漕，发畿内及滑、亳丁夫数千以供其役。

淮南饥，上命以米贷之。或曰：『民贫，恐不能偿。』上曰：『民吾子也，安有子倒悬而父不为之解哉？安在责其必偿也？』

（三月）甲子，诏以北鄙未复，将幸沧州。丁卯，命侍卫亲军都虞候韩通等将水陆军先发。夏，四月，庚寅，韩通奏自沧州治水道入契丹境，栅于乾宁军南，补坏防，开游口①三十六，遂通瀛、莫。辛卯，上至沧州，即日帅步骑数万发沧州，直趋契丹之境。河北州县非车驾所过，民间皆不之知。壬辰，上至乾宁军，契丹宁州刺史王洪举城降。

乙未，大治水军，分命诸将水陆俱下，以韩通为陆路都部署，太祖皇帝为水路都部署。丁酉，上御龙舟沿流而北，舳舻相连数十里。己亥，至独流口，溯流而西。辛丑，至益津关，契丹守将终廷辉以城降。自是以西，水路渐隘，不能胜巨舰，乃舍之。壬寅，上登陆而西，宿于野次，侍卫之士不及一旅②，从官皆恐惧。胡骑连群出其左右，不敢逼。

癸卯，太祖皇帝先至瓦桥关，契丹守将姚内斌举城降，上入瓦桥关。甲辰，契丹莫州刺史刘楚信举城降。五月，乙巳朔，侍卫亲军都指挥使、天平节度使李重进等始引兵继至，契丹瀛州刺史高彦晖举城降。彦晖，蓟州人也。于是关南悉平。

丙午，宴诸将于行宫，议取幽州，诸将以为：『陛下离京四十二日，兵不血刃，取燕南之地，此不世之功也。今虏骑皆聚幽州之北，未宜深入。』上不悦。是日，趣先锋都指挥使刘重进先发，据固安；上自至安阳水，命作桥，会日暮，还宿瓦桥，是日，上不豫而止。契丹主遣使者日驰七百里诣晋阳，命北汉主发兵挠周边，闻上南归，乃罢兵。

注释 ①游口：泄洪的地方。②一旅：五百人为一旅。

译文 显德六年（九五九年）二月，丙子朔（初一），后周世宗命令王朴前往河阴巡视黄河堤防，在汴水入河口建立放水闸门。壬午（初七），命令侍卫都指挥使韩通、宣徽南院使吴延祚，征发徐州、宿州、宋州、单州等地壮丁民夫数万人疏通汴水。甲申（初九），命令马军都指挥使韩令坤从大梁城东面引汴水流入蔡水，来打通陈州、颍州的运粮水道，命令步军都指挥使袁彦疏通五丈渠，向东经过曹州、济州、梁山泊，以打通青州、郓州的运粮水道，征发京城所辖地区之内和滑州、亳州壮丁民夫数千人来完成这些工程。

淮南闹饥荒，后周世宗命令把粮食借贷给百姓。有人说：『百姓贫穷，恐怕不能偿还。』世宗说：『百姓是我的子女啊，哪有子女倒悬在那里而父亲不为他解脱的道理呢？哪能要求百姓必定偿还呢？』

三月甲子（十九日），后周世宗诏令因北部领土没有收复，将要亲临沧州。丁卯（二十二日），命令侍卫亲军都虞候韩通等人率领水路、陆路军队先出发。夏季，四月，庚寅（十五日），韩通奏报从沧州修治水道进入契丹国境，在乾宁军南面设置栅栏，修补损坏堤防，挖开排水口三十六个，于是直通瀛州、莫州。辛卯（十六日），世宗到达沧州，当日率领步兵、骑兵数万人从沧州出发，直奔契丹国境。黄河以北的州县不是世宗车马所过之处，当地百姓都不知道皇帝出征。壬辰（十七日），世宗到达乾宁军，契丹宁州刺史王洪率城投降。

乙未（二十日），世宗大力整治水军，分别命令众将水、陆两路同时而下，任命韩通为陆路都部署，宋太祖（即后宋之开国皇帝赵匡胤）为水路都部署。丁酉（二十二日），世宗乘坐龙船沿着水流北上，船只头尾相接长达数十里。己亥（二十四日），到达独流口，又沿水道向西。辛丑（二十六日），到达益津关，契丹守将终廷辉率城投降。从益津关往西，水路逐渐狭窄，无法通行大船，于是弃船。壬寅（二十七日），后周世宗登陆西进，在野外宿营，侍从警卫的士兵不到一旅五百人，随从的官吏都很恐惧。胡人骑兵成群结队在周围出没，但不敢靠近。

癸卯（二十八日），宋太祖皇帝先到达瓦桥关，契丹守将姚内斌率城投降，世宗进入瓦桥关。甲辰（二十九日），契丹莫州刺史刘楚信率城投降。五月，乙巳朔（初一），侍卫亲军都指挥使、天平节度使李重进等人开始领兵陆续到达，契丹瀛州刺史高彦晖率城投降。高彦晖是蓟州人。从此瓦桥关以南全部平定。

丙午（初二），世宗在行宫宴请众将，商议夺取幽州，众将认为：『陛下离开京城四十二天，兵不血刃，取得燕南之地，这是罕见的功绩。如今契丹骑兵都集结到幽州北面，不宜继续深入。』世宗不高兴。当天，世宗催促先锋都指挥使刘重进首先出发，占据固安；世宗亲自到达安阳水岸边，命令架桥，到天色已晚，返回瓦桥关住宿，当天，世宗身体不适而停止进军。契丹主派遣使者日行七百里赶到晋阳，命令北汉主发兵骚扰后周边境，并说世宗南下返归，于是休兵。

（六月）上欲相枢密使魏仁浦，议者以仁浦不由科第，不可为相。上曰：『自古用文武才略者为辅佐，岂尽由科第邪？』己丑，以仁浦为中书侍郎、同平章事，枢密使如故。仁浦虽处权要而能谦谨，上性严急，近职有忤旨者，仁浦多引罪归己以救之，所全活什七八，故虽起刀笔吏，致位宰相，时人不以为忝。又以宣徽南院使吴延祚为左骁卫上将军，充枢密使；加归德节度使、侍卫亲军都虞候韩通、镇宁节度使兼殿前都点检张永德并同平章事，仍以通充侍卫亲军副都指挥使；以太祖皇帝兼殿前都点检。

癸巳，大渐，召范质等入受顾命。上曰：『王著藩邸故人，朕若不起，当相之。』质等出，相谓曰：『著终日游醉乡，岂堪为相？慎勿泄此言。』是日，上殂。

上在藩，多务韬晦，及即位，破高平之寇，人始服其英武。其御军，号令严明，人莫敢犯，攻城对敌，矢石落其左右，人皆失色而上略不动容；应机决策，出人意表。又勤于为治，百司簿籍，过目无所忘，发奸擿伏，聪察如神。闲暇则召儒者读前史，商榷大义。性不好丝竹珍玩之物，常言太祖养成王峻、王殷之恶，致君臣之分不终，故群臣有过则面质责之，服则赦之，有功则厚赏之。文武参用，各尽其能，人无不畏其明而怀其惠，故能破敌广地，所向无前。然用法太严，君臣职事小有不举，往往置之极刑，虽素有才干声名，无所开宥，寻亦悔之，末年浸宽。登遐之日，远迩哀慕焉。

甲午，宣遗诏，命梁王宗训即皇帝位，生七年矣。

译文 六月，后周世宗打算任用枢密使魏仁浦为宰相，参与商议的人认为魏仁浦不从科举及第，不可以担任宰相。世宗说：『自古以来任用有文才武略的人作为辅佐，哪里全是从科举及第的呢？』己丑（十五日），任命魏仁浦为中书侍郎、同平章事，枢密使之职照旧。魏仁浦虽然处身权力要津而能谦虚谨慎，世宗性格严厉急躁，周围官员有违反旨意的，魏仁浦大多将罪过归于自己来拯救他们，所保全救活的占十分之七八，所以虽然出身于办理文书的小吏，官至宰相，但当时人们并不认为耻辱。又任命宣徽南院使吴延祚为左骁卫上将军，充任枢密使；归德节度使、侍卫亲军都虞候韩通和镇宁节度使兼殿前都点检张永德都加官同平章事，并任命韩通充任侍卫亲军副都指挥使；任命宋太祖皇帝兼任殿前都点检。

癸巳（十九日），世宗病情加剧恶化，召见范质等人入宫接受遗嘱。世宗说：『王著是我在藩镇府邸的老人，朕若一病不起，应当起用他为宰相。』范质等人出宫，相互说：『王著终日醉生梦死，哪配当宰相？千万不要泄露这话。』当天，世宗去世。

世宗在藩镇时，很注意韬晦，及至即皇帝之位，在高平大破北汉入侵之敌，人们开始佩服他的英勇神武。他统率军队，纪律严明，没有人敢违反，攻打城池面对敌寇，飞石流矢落在身边，别人都惊慌失色而世宗面不改色镇定自若；随机应变决定策略，出人意料之外。又勤勉治国，各个部门的簿籍，过目不忘，发现奸人粉碎隐患，洞察秋毫犹如神明。闲暇之时便召见儒生文人诵读前代史书，商榷其中主旨大义。生性不喜好乐器、珍宝一类东西。经常说先帝太祖姑息惯养酿成王峻、王殷的大恶，致使君臣的情分有始无终，所以百官群臣有过失就当面对质斥责，服罪改过就赦免他，有功就重赏他。文武人材一齐任用，各人发挥自己的才能，大家无不畏服他的严明而又怀念他的恩惠，所以能攻破敌国拓广领土，所向披靡，一往无前。然而使用刑法过于严厉，百官群臣奉职办事稍有做得不好的，往往处以极刑，即使平素再有才干名望，也没有一点宽容，不久世宗自己也觉后悔，最后几年逐渐放宽。去世之日，四方远近都哀悼仰慕他。

甲午（二十日），世宗宣布遗诏，诏令梁王柴宗训即皇帝之位，柴宗训此时七岁。

◎后周纪·乱世明主周世宗